JN436445

지역

문화

총서

2

달구벌 유사 - 대구의 걷기길

초판 발행 2020년 6월 15일
지은이 김영현
펴낸곳 영남대학교출판부
펴낸이 서길수
디자인 정재완
일러스트 임지인
출판등록 1975년 9월 5일 경산 제16-1호
주소 경북 경산시 대학로280
전화 053) 810-1801~3
FAX 053) 810-4722
홈페이지 book.yu.ac.kr
ISBN 978-89-7581-816-5 03980

값은 표지 뒷면에 있습니다.
잘못 만들어진 책은 바꾸어 드립니다.

이 도서의 국립중앙도서관 출판예정도서목록(CIP)은 서지정보유통지원시스템 홈페이지(http://seoji.nl.go.kr)와 국가자료종합목록 구축시스템(http://kolis-net.nl.go.kr)에서 이용하실 수 있습니다. (CIP제어번호 : CIP2020019052)

지역
문화
총서
2

김영현 지음

# 달구벌 유사

達句伐 遺事

대구의 걷기길

영남대학교출판부

## 책머리에

### 새로운 걷기문화 정립을 위하여

2007년 제주 올레길이 조성되어 국민의 사랑을 받게 되었다. 10년에 걸친 조성공사로 2017년 말 마침내 26개 코스, 총 425km의 제주 올레길이 완전 개통되었다. 제주도는 올레길 덕택에 전국에서 찾아오는 도보여행자로 많은 관광 수입을 얻고 있으며 관광 제주의 명성을 계속해서 누리고 있다. 이러한 제주 올레길 사업의 성공은 다른 지방자치단체에도 많은 자극을 주었고, 2010년대부터 전국 243개 지자체가 걷기길 조성에 관심을 보이기 시작했다. 때마침 걷기가 건강을 지키는 데 최고라는 인식이 확산되면서 전국적으로 걷기 열풍이 몰아쳤다. 이런 열기에 힘입어 지난 10년 동안 전국의 모든 지자체가 경쟁적으로 걷기길을 조성하였고, 현재 전국에는 1,000여 개의 걷기길이 만들어졌다. 서해나 남해에 흩어져 있는 섬 둘레길을 포함하면 걷기길의 숫자는 이보다 훨씬 많을 것이다.

경쟁적이고 무분별한 걷기길 조성 과정에서 여러 가지 문제점도 드러났다. 기존의 등산길이나 옛날부터 있던 길을 개·보수하여 걷기길을 만들었지만 안전하지 못한 길, 효율적으로 운영이 되지 않는 길, 지속적인 관리가 되지 않는 길은 탐방객이 찾지 않아 잡초만 무성하게 자라고 있다.

새로운 걷기문화를 정립하는 것도 큰 과제이다. 일반적으로 좋은 걷기길이란 첫째, 위험요소가 없는 안전한 길이어야 한다. 차도와 인도의 구분이 안 된 길이나 길 표지가 없는 길 혹은 미로와 같이 얽혀있는 길은 걷기길로는 적당하지 않다. 둘째, 주변 경관이 아름다워 도보 여행자의 심미적인 욕구를 충족시키고 걸으면 심리적으로 안정되는 편안한 길이이야 한다. 수풀이 우거지고 시야(전망)가 트이지 않은 길은 심리적 불안감을 가중시켜 걷기의 궁극적인 목표인 힐링에도 전혀 도움이 되지 않는다. 멋진 경관도 중요하지만 오감을 자극하여 기분을 상하게 하는 요소가 없어야 한다. 악취가 나거나 소음이 있으면 걷기길이 짜증스러워진다. 셋째, 각종 편의시설이 잘 갖춰져야 한다. 정확한 거리 표지, 조명시설, 화장실, 표지판 등이 잘 정비되어 있어야 명품 걷기길이 된다. 걷는 길 중간에 식수 보충이나 간단한 물품 구입이 가능한 편의점도 있어야 한다. 진입로나 도착지의 편리한 교통과 접근성도 중요한 요소이다. 마지막으로, 좋은 걷기길이란 길 주변에 얽힌 역사, 자연, 설화를 비롯해 다양한 삶의 모습이 담긴 풍부한 스토리가 있어야 한다. 문화에 내재된 특성들을 찾아내어 문화콘텐츠로 만들고, 그 콘텐츠를 이야기로 풀어내는 것을 스토리텔링이라 한다면 다양하고 풍부한 스토리텔링이야말로 좋은 걷기길을 만드는 데 가장 중요한 요소이다.

스토리가 풍부한 길은 걷는 사람에게 사유의 폭을 넓고 깊게 만들고, 다양한 상상력을 유발시켜 폭넓은 세계관을 형성하는 데 도움을 주며, 자아와 정체성을 확립시키는 기회를 제공한다. 또한 소통, 상담, 교육, 심리치료에 이르기까지 수많은 걷기의 효과를 가져다준다. 내가 살아가는 마을 사랑, 지역의 정체성 찾기, 도시재생사업, 골목길 상권 부활운동, 지방자치와 분권운동, 마을 공동체 만들기도 스토리가 풍부한 길을 걸을 때 동기화, 내면화, 보편화되고 사업이나 운동의 성공 가능성도 높아진다.

대구에는 다른 지역에 자랑해도 좋은 명품 걷기길이 10여 개 있고, 그런대로 괜찮은 걷기길이 10여 개 있다. 동네 골목이나 소공원에 만들어진 3km 이하의 소형 걷기길 20여 개를 포함하면 50여 개나 된다. 지난 10여 년 동안 걷기길이라는 하드웨어는 그런대로 갖추었지만 걷기길을 재미있게 만드는 스토리텔링이라는 소프트웨어는 많이 부족한 상태이다. 8개 구·군(중구, 동구, 서구, 남구, 북구, 수성구, 달서구, 달성군)도 걷기길 조성을 시작할 때부터 안전, 경치, 편의시설 등은 어느 정도 고려했으나, 명품 걷기길의 가장 중요한 요소인 스토리텔링에는 공을 들이지 않았다. 걷기길 조성 후에도 철저한 관리와 효율적인 운영으로 명품 걷기길이 되도록 해야 한다. 방치된 걷기길 조성 사례를 반면교사로 삼아 보다 안전하고 관리가 잘 되는 걷기길을 만들어 가야 한다.

역사학자의 관점에서 사실을 기록하는 사기(史記)와 달리, 유사(遺事)는 역사책에 기록할 수 없는 설화나 주변의 이야기를 자신의 관점으로 기록한 책이다. 대구의 걷기길에 얽힌 이야기를 풀어쓰고, 읽는 사람에게 무한한 상상력을 확장시키며, 길을 걷는 사람마다 자신의 관점에서 스토리텔링을 할 수 있는 적당한 그릇은 사기(史記)가 아니라 유사(遺事)가 아닐까? 이 책은 대구의 걷기길에 스토리를 풍부하게 하는 것이 새로운 걷기 문화를 정립하는 데 보탬이 된다는 믿음에서 쓰였기에 달구벌 유사(達句伐 遺事)라는 제목을 붙였다. 대구의 정신과 혼이 살아있는 걷기길을 걸으며 걷기길에 스토리를 입히는 것은 개인의 건강을 지키는 최상의 비책(祕策)일 뿐 아니라 시민들의 공동체의식 함양, 지역의 정체성 찾기, 마을 공동체 만들기에도 많은 도움이 된다.

이 책은 대구신문에 2017년 9월부터 2018년 5월까지 연재한 '김영현과 함께하는 대구의 걷기길'의 내용을 수정·보완한 것이다. 지면을 제공해준 대구신문과 멋진 그림과 사진으로 걷기길의 풍미를 더해준 임지인 화백, 영남일보 박진관 부장에게 감사한다. 그리고 부족한 내용을 다듬어 책으로 엮어준 영남대학교 출판부의 이종백 실장에게도 고마움을 전한다.

김영현

# 차례

← 팔달교
금호강
동촌
침산공원
구암서원
침산교
930m
성북교
700m
도청교
400m
경대교
1300m
칠성교
제2신천교
610m
공룡발자국
동신교
900m

1장 — 신천(新川) 걷기길

# 물은 서쪽에서 흘러와 산머리에 이르고

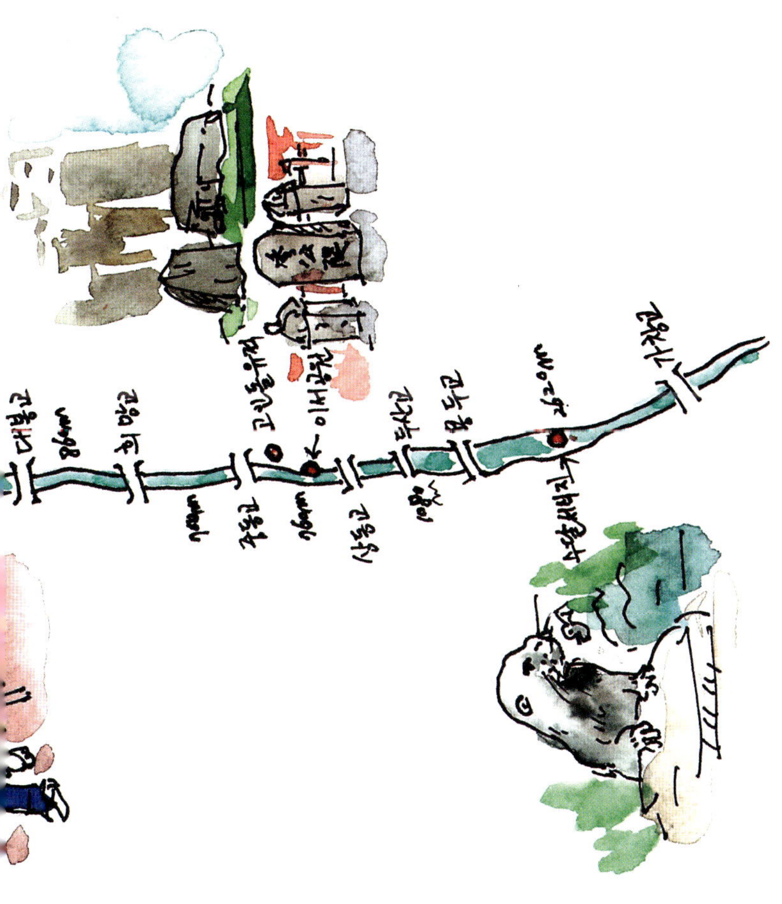

신천은 대구시 달성군 가창면 최정산에서 발원하여 가창댐 아래 용계교에서 비슬산 정대계곡에서 흘러온 용계천과 합류하여, 대구 시내를 관통한 다음, 북구 침산동에서 금호강과 합류하는 27km의 도심 하천이다. 신천 양쪽에는 걷기길과 자전거길, 각종 체육시설이 갖춰져 있고, 동·서변에는 신천동로와 신천대로가 있어 대구시의 간선 교통로가 되기도 한다. <신천 걷기길>은 가창교에서 침산교까지 총 12km 정도의 도심하천을 따라 걷는 길이고, 250만 대구시민이 매일 마주치는 생활공간이다.

신천 걷기길의 각 구간별 거리와 탐방명소는 다음과 같다.

| 구간 | 거리(m) | 소요시간(분) | 탐방명소 |
|---|---|---|---|
| 가창교~용두교 | 2620 | 50 | 무동재, 오천서원, 파동 암음유적 |
| 용두교~상동교 | 1080 | 20 | 용두산성(토성), 앞산둘레길 |
| 상동교~중동교 | 760 | 10 | 이서공원, 정화팔래스 고인돌유적 |
| 중동교~희망교 | 700 | 10 | 봉덕시장, 신천 강변 체육시설 |
| 희망교~대봉교 | 860 | 15 | 봉산문화거리, 건들바위, 향교 |
| 대봉교~수성교 | 790 | 15 | 김광석길, 방천시장, 중구골목투어길 |
| 수성교~동신교 | 900 | 20 | 삼덕문화거리, 중구골목투어길 |
| 동신교~신천교 | 640 | 10 | 공룡발자국 화석, 칠성시장 |
| 신천교~칠성교 | 560 | 10 | 칠성시장, 수달서식지 |
| 칠성교~경대교 | 1300 | 30 | 칠성시장, 경북대 캠퍼스 |
| 경대교~도청교 | 400 | 10 | 경북대 캠퍼스, 옛 경북도청 |
| 도청교~성북교 | 700 | 10 | 연암공원, 구암서원 |
| 성북교~침산교 | 930 | 20 | 침산공원, 금호강 하중도 |

신천을 따라 볼거리도 다양하다. 달성군 가창면 용계동과 수성구 파동의 경계가 되는 가창교를 지나면 대구에서 사람이 살기에 가장 좋은 곳이라는 파동이 나온다(一巴二無). 파동의 서원골에는 무동재(武洞齋)와 오천

서원(梧川書院), 용두골의 구석기시대 암음(바위그늘)유적, 장암교 주변의 수달서식지가 있다. 그 외에도 신천을 따라 가면 고산골 입구의 용두토성, 상동교 옆의 이서공원, 우방정화 팔래스 아파트의 고인돌 유적, 수성교 주변의 김광석 거리, 동신교 주변의 공룡 발자국, 금호강 합수지점의 산격동 연암공원, 낙조가 아름다운 침산공원 등으로 이어진다.

## <신천 걷기길>에 얽힌 이야기

신천은 이름처럼 새로 생긴 하천이 아니라 예전부터 있던 강이다. 한국지역지리학회의 <신천과 소하천 유로변천 조사>에 따르면 신천은 청동기시대부터 현재와 비슷한 물길을 따라 흘렀던 것으로 나타났다. 신천은 대구의 중심부(大邱邑城)로 흐르던 대구천과 금호강 사이를 흐르는 하천이기에 샛강이라 불렀고, 샛강이 한자지명으로 바뀌면서 간천(間川)이 아니라 신천(新川)이 되었다. 한글로 된 고유의 지명이 일제시대에 엉뚱한 이름으로 바뀐 것이다.

대구천(혹은 상동천)은 원래 용두골(상동교 주변)~효성타운(봉덕시장)~수도산(건들바위)~반월당~동산(계산성당 앞)~달성공원 ~자갈마당~원대지하도를 지나 달서천과 합류하여 금호강으로 흘렀다. 대구천은 건들바위 부근에서 갈라져 삼덕로타리~시청~향교(교동)~칠성동으로 흐르는 물길이 따로 있었다. 1910년대에 제작된 <대구읍성 주변 하계망도(河溪網圖)>에 따르면 대구의 중심부로 흐르던 대구천 주변은 홍수기에 자주 물난리를 겪었다.

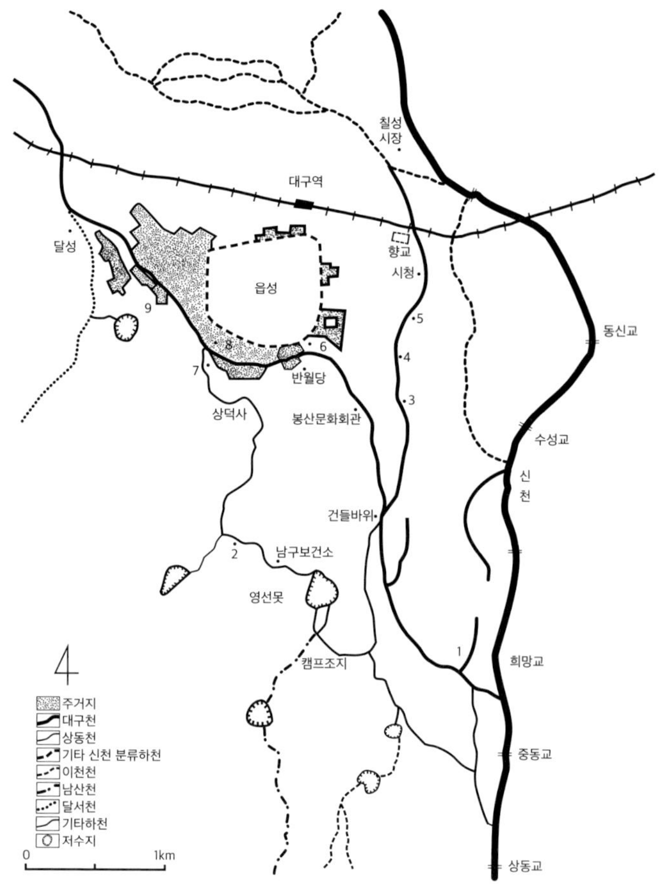


▲ 1910년대 대구 읍성 주변 하계망도(1:이천동 우편취급국, 2:경북여자상업고등학교, 3:경대사대부고, 4:삼덕교회, 5:국채보상공원, 6:중앙파출소, 7:남산지구대. 8:계산성당, 9:서문시장)

1778년에는 대구판관 이서(李漵, 1732~1794)가 상동교 주변에 제방을 쌓아 대구천의 물길을 돌렸다는 기록이 있다. 이서는 현재 효성타운과 봉덕시장 근처에 제방을 쌓아 물난리를 겪던 대구 백성들의 어려움을 해결하였다. 판관 이서의 공적을 기리기 위해 상동교 근처에는 이서공원이 조성되어 있고 공원에는 이공제비(李公堤碑)와 군수이후범선영세불망비(郡守李候範善永世不忘碑)가 있다. 중국 송나라 시절 소동파가 항주 자사로 있으면서 축조한 제방을 소공제(蘇公堤) 혹은 소제(蘇堤)라 부른데서 신천에 새로 쌓은 제방을 이공제(李公堤)라 부른다. 이범선불망비는 1898년 대홍수로 이공제 하류 지역 제방이 터지자 다시 제방을 쌓은 군수 이범선을 기념하여 세운 공덕비이다.

1959년 가창댐이 완공되기 전에는 홍수기가 되면 신천이 범람하는 일이 잦았다. 치수가 완전하지 않던 1970년대까지도 비가 오면 신천의 제방이 허물어져 방천시장, 건들바위 주변, 반월당 등 대구 전역이 물바다가 되었다. 하계망도에서 보는 것처럼 대구천은 봉덕시장 부근에서 분기하여 배나무 샘(이천동)과 수도산(기린의 모양을 닮아서 기린산) 동쪽 기슭을 거쳐 건들바위를 지나며 깊은 물 구비를 만든다.(입암) 거기서 다시 연귀산(제일여중이 있는 산), 아미산(蛾眉山, 대구 향교가 있는 산, 산 모양이 미인의 눈썹을 닮아서 아미산이라 한다), 반월당(대구읍성이 있던 남성로 앞)을 지나 동산(날성토성의 동쪽에 있던 산, 현재 계산성당 앞)에서 다시 한번 물굽이를 만들며 달성토성 앞에서 자연적인 해자(垓子)를 형성하였고, 날뫼골(飛山洞)을 지나 달서천(達西川)으로 흘러 팔달진(팔달나루) 부근에서 금호강과 합류했다.

일파이무(一巴二無, 대구의 살기 좋은 곳으로 첫째는 파동, 둘째는 무태 지역이다)라는 말처럼 대구지역에서 사람 살기 좋은 땅으로 파동이 최고라고 했다. 가창교를 건너기 전 수성구 파동 425번지 서원골에는 무동재(武洞齋)가 있고, 계곡을 조금 더 올라가면 오천서원(梧川書院)이 있다. 무동재는 옥산 전씨 계동 전경창이 강학하던 계동정사 옛터에 지은 재실이다. 재실에는 전경창의 4대조(고조부)까지 배향하고 있다. 용계천 동쪽에 살기에 호를 계동(溪東)이라 한 전경창(全慶昌, 1532~1585)은 파동(파잠)에서 태어나 조선중기 문신으로 활동하였으며 대구지방 성리학의 개조(開祖)로 불린다. 퇴계의 문인이며 대구 성리학의 1세대라 불리는 전경창, 정사철, 채응린의 제자들은 임진왜란이 일어나자 대구지역의 의병장이 되어 선비정신을 실천했다. 북구 사수동에서 강학하던 한강 정구 문하의 제자들과 서사원, 손처눌, 곽재겸, 정광천, 이주 등도 임진왜란 당시에 의병장으로 활동하였으며 17세기 초에는 대구지역에 성리학의 꽃을 피운다. 전경창의 형 전응창(全應昌)은 금호강 화담(花潭)에 세심정(洗心亭)을 지어 대구지역 최초 서원인 연경서원의 길목을 지켰다.

파동 서원골 안쪽에 있는 오천서원(梧川書院)은 조선 성종 때 대사헌을 지낸 중화 양씨 대봉 양희지(大峯 楊熙止, 1439~1504)를 배향한 서원이다. 파동 용두골에는 구석기시대 유적인 바위그늘(巖陰)이 있다. 암음은 달서구 월성동 유적지에서 발굴된 흑요석, 좀돌날과 함께 대구의 대표적인 구석기 유적이다. 파동 암음과 월성동에 유적지가 발견되어 대구에서도 2만 년 전인 구석기시대부터 사람이 살았음을 알 수 있다. 달서구 월성동 아파트 건설 현장(현. 달서구 조암공원 근처)에서 발굴된 13,000여 점의 구석기시대 유물은 대구가 선사시대부터 사람이 살기 좋은 자연환경이었다는 사실을 보여준다.

대구에는 전북 고창, 전남 화순, 인천 강화의 고인돌 유적지보다 많은 약 3,000기 정도의 고인돌 유적이 있었으나 근·현대화 개발과정에서 다수가 훼손되었다. 우방 정화 팔래스 아파트에는 신석기~청동기시대 유적인 고인돌을 복원해 전시하고 있다. 지구상에 남아있는 고인돌은 60,000기 정도이고, 한반도에 40,000기 정도가 있으며, 남한에는 25,000기 정도가 있는 것으로 확인된다. 가창, 침산, 불로, 달서, 달성, 비산 등 대구지역에 골고루 분포하는 고인돌의 숫자로 미루어보면 청동기 시대부터 대구지역에는 상당한 세력을 가진 부족이 삶의 터전을 마련했고, 생존을 위해 왕성한 활동을 했다는 것을 알 수 있다.

파동 장암교 주변에는 생태 희귀종인 수달이 살고 있다. 신천과 금호강 주변에 10마리 이상의 수달이 서식하는 것으로 확인되었는데 수달은 2~3급수에서는 살지 못한다. 수달이 살고 있으므로 신천의 상류지점은 1급수가 유지되고 있음을 알 수 있다. 도심 하천에 수달이 사는 곳은 전국적으로도 드물다. 수달이 신천 전역에 살 수 있도록 주변 정비와 함께 수질 향상이나 로드킬을 방지하는 등 여러 조치가 있어야 한다.

대봉교와 수성교 사이에 조성된 <김광석 다시 그리기 길> 또한 전국적으로 유명한 명소이다. 가수 김광석이 어린 시절 잠시 살았던 방천시장 골목에 2010년 <방천시장 문전성시 사업>으로 조성된 김광석 길은 연 100만 명 이상의 관광객이 몰리는 핫스팟(hot spot)으로 탈바꿈했다. 가객(歌客) 김광석이 부른 <이등병의 편지>나 <서른 즈음에>를 들으며 김광석 길을 걸으면 옛 추억에 빠져들기도 하고, 아련한 첫사랑의 기억이 다시 살아난다. 방천골목 주변에는 연중무휴로 다양한 문화행사가 열리는데 2017년부터는 <방천골목 오페라 축제>와 인디음악이나 버스킹 공연, 골목 오페라 축제 열리고 있다. 결국 문화란 관심 있는 사람에 의해 만들어지고 향유되는 것임을 알 수 있다.

동신교 주변에는 대규모 공룡 발자국 흔적이 있다. 공룡이 살던 시기에는 이곳이 커다란 호수였다는 사실을 보여준다. 수성구 욱수골, 남구 고산골, 동구 신서동 혁신도시 주변에서도 공룡 발자국이 발견되었다.

침산교 주변에서 금호강과 합류한다. 합수 지점인 북구 산격동 연암산(鷰巖山 혹은 수도산)에는 연암공원이 있다. 연암산은 바위가 제비를 닮아서 혹은 제비가 많이 서식하여 생겨난 지명인데, 공원 주변에서 신석기시대 유적이 다수 발견되었다. 금호강이 오염되기 전까지 연암산에는 상수도 취수장이 있어서 수도산이라 부르기도 한다(가뭄으로 운문댐 물이 부족하자 2017년부터 금호강에서 상수도 취수를 다시 시작했다).

서침(徐沈)은 조선 초기 달성(현 달성공원 지역)에 경상도 지역의 군사 요새를 쌓을 때 조정에 건의하여 달성 서씨의 근거지인 달성을 무상으로 내놓았다. 그러자 정부는 대구지역 백성들의 세금을 탕감시켜 주었다. 이러한 서침의 애민 정신은 생전에 백성의 칭송을 받았고, 사후에는 구암서원(龜巖書院)에 배향되었다. 구암서원은 1665년 지방 유림인 서침(徐沈), 서거정(徐居正-1420~1488), 서해(徐嶰-이퇴계의 문인), 서성(徐渻-서해의 아들), 서사원(徐思遠-채응린의 제자)의 학문과 덕행을 추모하기 위해서 연귀산(連龜山-현 제일여중) 기슭에 창건하였고 중구 동산동으로 이건(移建)하였다가 지금은 연암공원으로 옮겼다. 지금도 달성공원에는 서침의 공덕을 기리기 위해 심은 <서침나무>가 자라고 있다.

대구 판관으로 신천을 치수한 이서(李漵), 달성을 무상으로 주고 백성의 세금을 탕감시킨 서침(徐沈), 국채보상운동을 전개한 서상돈(徐相敦, 1850~1913), <빼앗긴 들에도 봄은 오는가>를 쓴 민족시인 이상화(李相和, 1901~1943) 등은 대구가 자랑할 만한 역사적인 인물이다.(서상돈은 친일 행각이 밝혀져 논란이 되고 있다. 특히 서상돈의 둘째 아들 서병조는 대륜중고등학교 교주이기도 한데 조선총독부 중추원 참의를 지낸 대구지역의 대표적인 친일파이다.)

신천이 금호강과 만나는 지점에 자리 잡은 침산을 수구막이산(水口막이산-대구의 기운이 금호강으로 빠져나가는 것을 막고 있는 산), 와우산(臥牛山-소가 누워있는 형상), 독산(獨山-평지에 홀로 우뚝 솟은 산)이라 부른다. 일대에서 신석기, 청동기시대 주거지 유적이 발굴되어 침산을 대구문화의 발상지로 보기도 한다. 합수지점인 백사벌(白沙伐, 백사부리)에는 고운 모래가 펼쳐져 있었고 물이 맑아 빨래하는 아낙이 많았다. 더구나 침산 주변에는 빨래하기에 적합한 넓적한 돌이 많았기에 침산을 한자로 표기하면 빨래판 산(砧山)이 된다. 침산에서 멀리 서남쪽의 와룡산(臥龍山)으로 지는 저녁노을이 장엄하여 조선 전기의 문신인 서거정(徐居正, 1420~1488)은 침산만조(砧山晩照)를 대구 10경의 하나로 꼽으며 다음과 같이 노래했다.

水自西流山盡頭(수자서류산진두)　　물은 서쪽에서 흘러와 산머리에 이르고
砧巒蒼翠屬淸秋(침만창취속청추)　　침산 푸른 숲에는 가을빛이 어리었네
晩風何處春聲急(만풍하처춘성급)　　해질녘 어디선가 방아소리 들리니
一任斜陽搗客愁(일임사양도객수)　　노을에 물든 나그네 마음을 슬프게 하네

—서거정, 「砧山晩照」(침산만조-침산의 저녁노을)

침산공원에는 낙조를 감상하기 좋은 침산정과 침산만조 시비가 있으며, 1봉에서 5봉 사이에 2km 정도의 걷기길이 조성되어 있다. 서거정이 노래한 대구 10경(大邱十詠)은 다음과 같다.

제1경 금호범주(琴湖泛舟) - 금호강에서 뱃놀이하는 모습
제2경 입암조어(笠巖釣魚) - 건들바위(笠巖)에서 비 내리는 가을날 낚시하는 풍경
제3경 귀수춘운(龜峀春雲) - 연귀산(현. 제일중학교)에 피어오르는 봄 구름
제4경 학루명월(鶴樓明月) - 경상감영 객사인 달성관 북쪽 금학루에 뜬 밝은 달
제5경 남소하화(南沼荷花) - 남소(달서구 성당못 혹은 달성토성의 남쪽의 서문시장에 있던 천황당지天皇堂池)에 핀 연꽃
제6경 북벽향림(北壁香林) - 북벽(동구 도동 향산 하식애)에서 자라는 측백나무
제7경 동화심승(桐華尋僧) - 동화사를 찾는 스님의 모습

제8경 노원송객(櫓院送客) - 노원(팔달나루)에서 정인(情人)과 이별하는 정경
제9경 공영적설(公嶺積雪) - 팔공산에 쌓인 눈경치
제10경 침산만조(砧山晩照) - 침산에서 바라보는 와룡산으로 지는 저녁노을

침산을 오봉산 혹은 박작대기산이라 부르는 것은 대구지역의 대표적인 친일파인 박중양(1874~1959)과 관련이 있다. 박중양은 이등박문의 양자라 자처하며 1906년 대구군수 시절 일본인들의 요청에 따라 대구읍성을 허물고, 내선일체(內鮮一體)를 신념으로 살다간 친일 앞잡이였다. 이에 따라 읍성 안과 읍성을 둘러싼 동성로, 서성로, 북성로, 남성로의 상권을 일본인들이 장악하게 되었다. 만년에 침산 아래에 거주하며 지팡이를 짚고 다녔기에 '박작대기'라는 별명이 붙었다. 박중양은 침산동 땅의 절반 이상을 소유하여 주민들이 그의 땅을 밟지 않고는 살아갈 수 없었다고 한다. 그는 침산 명당에 부모의 묘를 비롯하여 가족묘를 조성하였고, 별장인 침산장과 일소대(一笑臺)를 세웠다. 일소대는 침산에 올라 대구시가지를 바라보며 크게 웃는다는 뜻인데 박중양의 오만함을 잘 보여주고 있다. 해방 후 세워진 정부(자유당 정부)는 대표적인 친일파였던 박중양에게 편안한 노후를 보장하였고, 친일파를 다시 고급관리로 기용하였다. 이는 우리 역사에서 부끄러운 사실이다. 해방 50년이 지난 1996년에는 박중양의 친일 행각이 밝혀져 일소대와 친필 기념비는 철거되었고, 소유지는 국가로 모두 환수하고, 침산에는 침산공원이 조성되었다.

1

2

1. 옛 신천의 모습
2. 현재의 신천(도청교 근처)

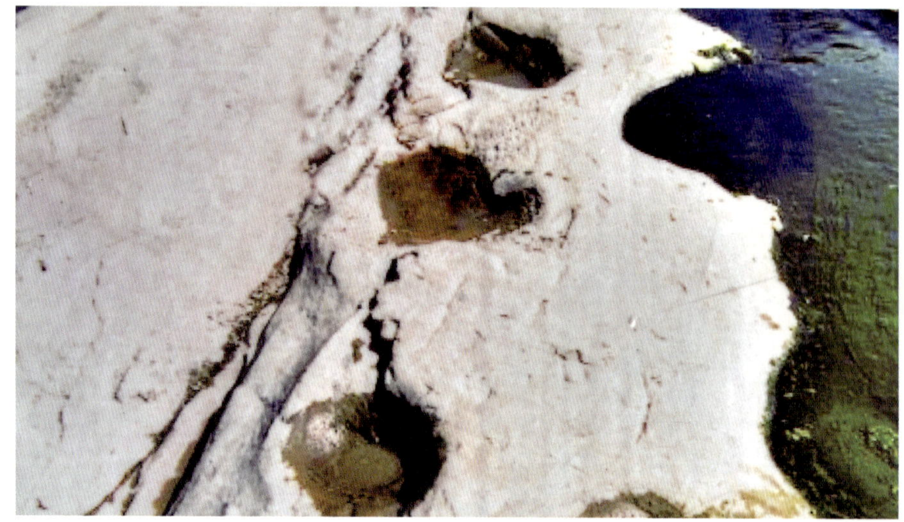

1

2

3

4

1. 신천 공룡발자국 ©박진관
2. 구암서원 ©박진관
3. 파동 암음 ©박진관
4. 이서공원의 이공제비각

櫓院送客
이언천
5.5Km
팔달진
팔달교
2.9Km
하중도
해랑교
2.4Km
금호대교
달서천
6Km
세천교
1.7Km
이락서당
강창교
낙동강
디아크문화관
달성습지
낙동강 달성습지 ←44Km→ 안심습지

2장—금호강 걷기길

# 금호의 맑고 얕은 곳에
# 놀이 배를 띄우니

금호강 대구 구간은 안심습지에서 디아크 문화관까지 41.4km에 이르는 길이다. 환성산, 초례봉에서 흘러내린 계곡물이 모여 맑은 물이 흐르는 숙천(淑川)을 이루고, 숙천은 대구시와 경산시의 경계가 된다. 숙천이 금호강에 유입되는 지역에 형성된 연꽃단지가 안심습지이고, 안심습지에서 금호강 대구 구간이 시작된다. 건너편에는 경산시의 오목천과 남천이 금호강과 합류한다. 〈금호강 걷기길〉 대구 구간은 숙천 합류 지점에서 시작하여 안심교(반야월역)→율하 체육공원→안심 체육공원→팔현 마을→망우공원→동촌유원지(동촌역)→아양교→공항교→금호1.2교→산격대교→서변대교→조야교→노곡교→팔달교→매천대교→금호대교→와룡대교→해랑교→세천교→강창교(강창역)→디아크(강문화관)까지 41km, 백리길이다.

금호강은 계명대 성서캠퍼스 뒷산인 궁산(弓山)을 돌아 디아크 강문화관에서 낙동강과 합류하는데 중간에 숙천, 오목천, 남천, 율하천, 불로천, 동화천, 신천, 팔거천, 달서천, 이언천 등이 유입된다. 디아크 강문화관은 강과 물 관련 정보를 전시하는 복합문화공간으로 건물조형미와 야간조명이 아름답다.

금호강의 대구 구간은 100리가 넘지만 전 구간에 자전거 종주길이 조성되어 걷기에도 적당하다. 멀리 팔공산을 조망할 수 있고, 사람 살아가는 모습을 생동감 있게 살필 수 있으며, 대형 조형물이나 역사 유적 등 볼거리도 많다. 하지만 신천 걷기길처럼 햇볕을 피할 수 없는 길이므로 해거름이나 밤에 걷기를 권한다. 도시의 강변길은 대체로 낮보다 야경이 멋지고, 비오는 날의 경치는 더욱 아름답다. 대구시는 〈금호강 걷기길〉을 조성하면서 경치가 좋은 곳이나 인문·지리학적으로 보존가치가 있는 장소를 중심으로 〈금호강 신(新) 10경〉을 선정했다.

제1경 — 팔현습지(八峴濕地)

팔현습지는 주변의 금강습지, 안심습지와 함께 고니, 왜가리, 백로의 서식지이다. 고려 태조 왕건이 동수전투에서 구사일생하여 팔현습지 근처를 도강(渡江)하여 앞산 은적암(隱跡庵)으로 숨었다는 역사적인 일화가 있는 곳이다.

제2경 — 동촌 해맞이 다리

40여 년간 명소였던 동촌 구름다리를 철거하고 건설한 보행자, 자전거 전용 해맞이 다리이다. 해맞이 다리는 야간조명이 장관이고 시야가 넓고 일몰 풍경이 아름다워 출사지(出寫地)로 유명하다.

제3경 — 아양루(峨洋樓)

영남사림의 후예들이 광복 후 아양음사(峨洋吟社)인 담수회(淡水會)를 결성해 시를 짓던 곳이다. 아양(峨洋)이란 팔공산과 금호강을 지칭한다. 아양루에서 바라보는 금호강과 팔공산의 전망이 좋다.

제4경 — 압로정(狎鷺亭)

조선시대 채응린이 건립한 영남 제1의 정자로서 금호강과 불로천의 합류지점인 검단동에 위치하고 있다. 건립자인 채응린의 후손이 중수했지만, 옛 정자의 모습이 올바르게 복원되지는 않았다.

제5경 — 화담(花潭)

화전담(花田潭) 또는 꽃밭소로 불리다가 화담이 되었다. 압로정과 금호2교 사이의 검단들 맞은편에 있는 가람산의 바위 벼랑(하식애)을 화담이라 부른다.

**제6경 — 하중도(河中島)**

노곡교와 팔달교 사이에 위치하며 면적은 22만2천㎡이다. 하중도 상류에는 인공 돌무지를 쌓아 수달 보금자리를 만들었다. 하중도 주변에는 어류, 양서류, 파충류, 수달, 조류 등이 많이 서식하고 있어서 건강한 먹이사슬이 형성되어 있다.

**제7경 — 금호강교**

도시철도 3호선이 통과하는 교량이다. 주탑 3개는 팔공산, 비슬산, 앞산을 상징하며 꽃봉오리를 닮았다.

**제8경 — 와룡대교**

고속도로를 타고 대구에 도착하면 가장 먼저 보이는 다리이다. 와룡산 뒷자락인 이곳은 한강 정구가 말년에 북구 사수동의 사양서원(泗陽書院)에 머물며 후학 양성과 저술 활동을 하였다.

**제9경 — 궁산적벽(弓山赤壁), 이락서당(伊洛書堂)**

계명대를 활같이 감싸고 있는 산이 궁산(弓山)이고, 궁산이 금호강과 만나는 서쪽에는 퇴적암으로 형성된 하식애 절벽이 있는데 햇볕을 받으면 붉은색을 띄어 적벽(赤壁)이라 한다. 이락서당은 궁산적벽이 끝나는 강창교 옆에 세워진 서당이다. 대구를 대표하는 유학자 한강 정구(1543-1620)와 낙재 서사원을 기리는 11개 마을 아홉 문중의 유림이 뜻을 모아 서당을 건립하였다.

**제10경 — 달성습지(達城濕地)**

금호강이 낙동강과 만나는 지점인 디아크 강문화관 앞에 있는 하중도를 달성습지라 부르는데 문화·생태적 가치를 지닌 천혜의 자연자원이다.

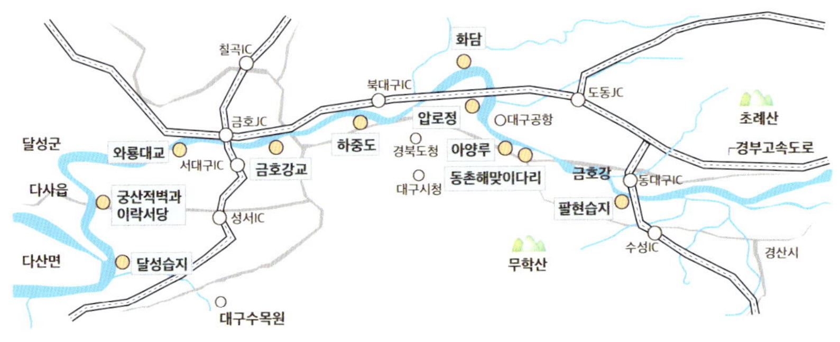


## 금호강 걷기길에 얽힌 이야기

낙동강이 영남의 젖줄이라면 금호강은 대구의 젖줄이다. 금호강은 경북 포항시 죽장면 상옥리 가사령에서 발원하여 영천, 경산, 대구 수성구, 동구, 북구를 지나 달서구에서 낙동강과 합류하는 118km, 300리에 이르는 강이다. 자호천, 임고천, 고촌천, 신녕천, 북안천, 대창천, 청통천, 오목천, 율하천, 불로천, 동화천, 신천, 팔거천, 달서천 등과 합류하여 달서구 파호동과 달성군 다사읍 죽곡리에서 낙동강에 유입된다. 강변에 갈대가 많아 바람이 불면 비파소리(琴)가 났고, 물이 맑고 호수(湖水)처럼 잔잔하여 금호강(琴湖江)이라 부른다.

금호강은 대구의 성장에 밑바탕이 된 생명의 원천이었기에 대구의 젖줄이라 부르지만 울산의 태화강과 함께 오염으로도 유명한 강이었다. 1980년 포항제철에 필요한 용수를 공급하기 위해 영천댐이 완공되면서 금호강으로 흐르는 수량이 줄어들자 수질이 악화되었다. 영천, 경산, 대구의 인구증가와 도시화로 오염은 더욱 가속화되었다. 생활하수와 축산 농가의 오폐수가 흘러들어 악화될 대로 악화된 강물은 서구 염색공단을 지나면서 염색과정에서 발생한 오염수가 달서천과 합류하여 다시 한번 더 나빠져 강창교(강창역)를 지나 낙동강으로 흘러간다.

정상적인 물의 흐름을 방해하여 오염을 가중시키고 있는 200여 개의 수중보와 동식물의 접근을 막는 콘크리트 제방도 문제이다. 또한 생태계를 교란시키는 외래 어종인 황소개구리, 뉴트리아, 베스, 블루길이나 외래 식물인 가시박, 돼지풀, 개망초 등도 오염 해결을 위해 풀어야 할 과제다. 다행스럽게도 지난 20여 년 동안 많은 노력으로 금호강이 전국 오염하천 중 수질개선률에서 최고를 기록하였다. 지금은 붕어, 잉어, 끄리가 돌아온 3급수 하천이 되었다. 이제는 금호강으로 흘러드는 지천들처럼 쉬리, 버들치, 갈겨니, 수달이 살아가는 생태계 복원을 위해 더욱 노력을 기울여야 한다.

화랑교 근처에 있는 망우당 공원에는 대구의 역사와 정신이 집약되어 있다. 망우당(忘憂堂)은 임진왜란 최초로 의병을 일으켜 뛰어난 무공을 세운 홍의장군 곽재우의 호이다. 망우당 공원에는 곽재우 동상이 있고, 일제강점기에 민족의식을 고취하기 위해 서상일 등이 건립한 조양회관(朝陽會館)이 있으며, 애국지사 공적비, 항일운동기념탑, 충의단 등도 있다. 공원을 조금만 돌아보아도 임진왜란 때 나라를 구하기 위해 일어선 의병 정신과 일제강점기 독립지사의 항일정신을 기리기 위해 망우당 공원을 조성했다는 것을 알 수 있다.

친일 앞잡이인 박중양은 대구읍성을 허물면서 대구읍성의 남문(정문)인 영남제일관(嶺南第一關), 1736년 임진왜란으로 허물어졌던 대구읍성을 석성(石城)으로 축성한 사실을 기념하여 세운 영영축성비(嶺營築城碑),

1896년 대구부(大邱府)에 경상감영을 수성(修城)한 사실을 기록한 대구부수성비(大邱府修城碑)를 모두 옮겨 버렸다. 이로써 대구읍성의 모습은 흔적도 없이 사라졌다. '모든 문화재는 원래의 모습으로 제자리에 있어야 한다'는 원칙을 무시하고 대구읍성의 남문에 세워야 할 영남제일관을 원래 형태와는 전혀 다른 모습으로 망우당 공원에 다시 세웠다. 영영축성비와 대구부수성비는 대구읍성 남문 밖 관덕정에 있던 것을 달성군청과 향교로 이전하여, 방치하였다가 1980년 망우당 공원으로 이전하였다.

민족시인 이육사의 생거지(生居地)를 택지개발로 철거하고, 순종어가행렬 재현을 문화행사로 기획하는 것은 대구 시민의 문화 수준에 맞지 않다. 대구의 현대 인물인 전태일 열사의 생가나 조영래 변호사의 행적에 대해서는 무관심한 작금의 현실은 안타깝기만 하다. 그 외에도 망우당 공원 주변에는 동촌유원지로 가는 길에 〈비 내리는 고모령〉 노래비, 자전거 경기장인 벨로드롬, 멀리 팔현 체육공원 등이 있다.

아양루(峨洋樓)는 아양교 남쪽 구릉에 세워진 누각으로 금호강의 아름다움과 팔공산의 자태가 조망되는 멋진 곳이다. 아양의 아(峨)는 팔공산을 의미하고, 양(洋)은 금호강을 의미한다. 아양루는 예로부터 영남사림이 아양음사(峨洋吟社)를 결성하여 시를 짓던 곳이었다. 지금도 유림단체인 담수회(淡水會)가 그 명맥을 이어가고 있다.

대구의 대표적인 유림단체는 담수회(淡水會)와 박약회(博約會)이다. 담수회는 민족문화를 향상 발전시키고 청소년의 인성교육을 담당하기 위해 1963년 창립되었다. 박약회(博約會)는 주자와 이황의 사상을 연구하고 이념을 실천하기 위해 1988년 창립하였다. 박약은 논어 옹야편(君子, 博學於文 約之以禮)에 나오는 말로, 학문을 널리 배우고 예의를 익힌다는 뜻이다. 안동의 도산서원에도 유생들이 기거하던 동재(東齋)인 박약재(博

約齋, 학문을 배우고 예의를 익히는 곳)와 서재(西齋)인 홍의재(弘毅齋, 호연지기를 기르는 곳)가 있다.



금호강에는 습지(濕地)와 하중도(河中島)가 많다. 안심습지, 팔현습지, 달성습지(하중도)와 팔달교 근처의 하중도가 그것이다. 이들 습지나 하중도는 습지식물이 오염된 강물을 걸러주는 필터 역할을 하므로 강의 허파라 부른다. 습지 주변은 어류의 산란장소가 되고, 물고기가 많이 모이니 먹이를 찾아 왜가리나 백로가 날아온다. 하중도는 강 가운데 퇴적물이 쌓여 만들어진 섬이다. 팔달교 근처의 하중도는 2000년대까지는 금호강 오염의 주범이었으나 지금은 잘 정비되어 수달이 살아가고, 가을이면 코스모스가 만발하여 시민들의 산책로가 되고 있다. 금호강이 낙동강에 유입되는 곳을 지나면 진천천과 대명천이 합류하는 지점에 달성습지(하중도)가 형성되어 있다. 달성습지는 수많은 꽃과 억새, 갈대, 철새, 맹꽁이, 수달 등이 살아가는 생태계의 보고다.

화담(花潭)은 불로천 유입지점을 지나 검단공단 지역 맞은편, 즉 북구 동변동의 구릉 지역을 말한다. 하식애(河蝕崖)로 만들어진 화담은 숨은 보석이라 할 만한 비경을 간직하고 있어서 이곳을 금호강 제1 비경이라 하였다. 봄이 오면 진달래가 장관을 이루어 벼랑을 붉게 물들였기에 꽃밭소(花田潭)로 불렀고, 화전담이 현재의 지명인 화담으로 변했다. 북구청에서는 금호강 르네상스를 이루고자 2016년부터 화담지역과 동변동 일대의 개발 계획인 〈화담 휴 프로젝트〉를 추진하고 있다. 대구시와 북구청의 계획대로 검단토성, 압로정, 세심정, 연경서원을 잇는 수변레저 관광 테마 파크와 힐링 공원이 조성되면 이 지역은 대구 제1의 관광명소가 될 것이다. 일찍이 서거정도 대구 10경의 제1경을 금호범주(琴湖泛舟)라 했다. 금호범주는 화담과 검단토성을 돌아 흐르는 금호강에서 뱃놀이하는 정취를 읊고 있다.

| | |
|---|---|
| 琴湖淸淺泛蘭舟(금호청천범난주) | 금호의 맑고 얕은 곳에 놀이 배를 띄우니 |
| 取次閒行近白鷗(취차한행근백구) | 차츰 한가롭게 떠다니며 백구에 가깝구나 |
| 盡醉月明回棹去(진취월명회도거) | 한껏 취해 달은 밝아 노 저어 돌아가니 |
| 風流不必五湖遊(풍류불필오호유) | 풍류란 반드시 오호에서 노는 것만이 아닐세 |

—서거정, 「琴湖泛舟」(금호범주-금호강에서의 뱃놀이)

북구 동변동 가람산 입구에 옛터가 남아있는 세심정(洗心亭)은 대구 최초의 서원인 연경서원의 길목이어서 선비들의 내왕이 많았고 일찍부터 성리학이 번성했던 곳이었다. 전응창이 세운 누각인 세심정은 17세기 대구 유학 르네상스를 이루는 중심축 역할을 하였다. 세심정은 수성구 성동에 있는 고산서당(孤山書堂), 한강 정구가 말년에 강학하던 북구 사수동의 사양서원(泗陽書院), 금호강과 낙동강의 합수지점에 있던 부강정(浮江亭) 등과 함께 금호강에서 누정문학(樓亭文學)이 꽃핀 곳이다. 세심정 옛터 주변에는 연경서원, 광해군 태실, 서계서원, 환성정, 송계당, 천년의 느티나무, 신석기 유적지 등 볼거리가 즐비하다.

북구청에서는 매년 10월 말이면 〈금호강 바람소리길 축제〉를 개최한다. 2015년부터 축제가 시작되었는데 금호강 10리 걷기대회(산격대교→노곡교)라는 생태·힐링 트레킹을 포함해서 다양한 문화예술 행사가 펼쳐진다.

동촌 해맞이 다리는 폭 6m로 자전거와 보행인이 건널 수 있는 다리이다. 동촌유원지에서 해맞이 다리를 건너면 지하철 동촌역이다. 동촌 해맞이 다리는 금호강의 경치를 멀리까지 조망할 수 있고 낙조가 아름다워 사진 촬영지로 인기가 높다. 옛 대구선 철길을 산책길로 꾸민 아양 기찻길 주변에는 카페와 다리박물관이 있고, 야경이 좋다. 금호대교는 대구지하철 3호선이 지나는 다리이고, 3개의 주탑은 팔공산, 앞산, 비슬산을 상징하는 꽃봉오리 모양이다.

조선시대에는 팔달교와 금호대교 사이에 영남대로의 교통요지인 팔달나루(八達津)가 있었다. 영남대로는 남쪽의 청도와 경계가 되는 팔조령을 넘어, 30번 지방도인 가창로와 대구읍성을 가로질러, 팔달나루를 건너서 칠곡으로 넘어가는 조선시대 중요한 간선도로였다. 한양으로 가는 친구나 사랑하는 사람을 이별하는 곳이 팔달나루였다. 진시황을 암살하기 위해 자객 형가(荊軻)는 소슬바람 불 때 비수를 품고 다시는 돌아오지 못할 역수(易水)를 건넜다. 고금을 막론하고 삶의 모든 만남과 이별은 특별한 것이고, 의인(義人)이나 정인(情人)과 이별하는 것은 비감한 일이다. 팔달나루에서 정인과 이별하는 모습을 노원송객(櫓院送客)이라 하고, 서거정은 대구 10경의 하나로 꼽았다.

| | |
|---|---|
| 官道年年柳色靑(관도년년류색청) | 관도에 해마다 버들 빛이 푸르고 |
| 短亭無數接長亭(단정무수접장정) | 단정(주막)이 수없이 이어져 있네 |
| 唱盡陽關各分散(창진양관각분산) | 이별의 노래 다 부르고 서로 흩어지니 |
| 沙頭只臥雙白甁(사두지와쌍백병) | 모래밭에는 두 개의 흰 술병만 누웠구나 |

—서거정, 櫓院送客(노원송객-팔달나루에서 정인(情人)과 이별)

와룡대교는 왜관에서 대구로 들어오면 만나는 야간조명이 화려한 다리이다. 와룡대교가 지나는 와룡산 자락(용미봉)에 위치한 사수동(泗水洞)은 예부터 큰 비가 오면 물에 잠기던 지역이었고 모래사장이 유명했다. 성주군의 회연서원(檜淵書院)에서 제자들을 교육하던 한강 정구(寒岡 鄭逑, 1543~1620)가 만년에 사수동 사양서원(泗陽書院)에 머물며 후학을 지도하고 저술 활동을 했다. 박곡리와 방천리를 잇는 해랑교는 효녀 해랑(海娘)의 전설이 전해오던 징검다리에 새로 세운 다리이다. 강창교는 강창나루에 세운 다리이다. 강창(江倉)이란 조선시대 낙동강을 따라 배로 운반되던 미곡을 저장하는 창고가 있었기에 붙여진 이름이다.

계명대학교 성서캠퍼스를 감싸고 있는 산이 궁산(250.9m)이다. 서재리에서 강창교까지의 산세가 활을 닮아 궁산(弓山)이라 부른다. 궁산 서쪽에는 금호강이 흐르고 하식애로 만들어진 절벽은 붉은색의 퇴적암층이어서 일몰이면 더욱 붉은색을 띤다. 삼국지에서 조조와 손권·유비 연합군의 격전장이었던 적벽의 이름을 따서 궁산적벽(弓山赤壁)이라 부른다. 이락서당(伊洛書堂)은 궁산적벽이 끝나는 지점인 강창교 옆에 있는데, 정구와 그의 제자인 낙재 서사원(1550~1615)을 기리기 위해 주변 마을 문중의 유생들이 세운 서당이다. 이천(伊川)과 낙동강(洛東江)의 첫 글자를 따서 이락서당이라 부르고 지금도 유림들이 강학을 하고 있다.

1

2

3

4

1. 아양루 ©박진관
2. 팔현습지 ©박진관
3. 하중도 ©박진관
4. 화담 ©박진관

철도
주암산
가창댐
가창면사무소
가창교
달비고
용두골
산성산
앞산터널
卍장암사
둘레길
卍법왕사
신천
고산골
卍 법장사
큰골
卍 은적사
케이블카
이호우시비
낙동강승전기념관
강당골
앞산공원관리사무소
충혼탑
상동교
효성타운
곱창골목
• 앞산 둘레길 22Km
• 앞산 자락길 15Km
• 남구청 자락길 8Km

3장—앞산 둘레길(앞산 자락길)

# 이 많은 풍경을 다 읊을 수 없는 것은

도심에도 멋진 경치와 깊은 산의 정취를 느낄 수 있는 둘레길과 종주길이 많다. 앞산 둘레길(자락길), 9산 종주길, 비슬산 둘레길, 팔공산 종주길, 팔공 올레길, 팔공산 왕건길, 최정산 누리길, 용지봉 종주길, 와룡산 종주길, 도덕산 종주길 등이 그것이다. 앞산은 대구시 남구와 달서구에 걸쳐 동서로 이어진 산성산~앞산~대덕산 줄기를 말하는데 앞산(658.7m)이 제일 높기에 통상 앞산이라 부르고 산 둘레를 따라 만들어진 걷기길을 <앞산 둘레길>이라 한다. 앞산은 도심에서 가까워 접근하기 쉽고, 안전시설이 잘 갖춰져 있으며, 곳곳에 조명이 설치되어 야간 걷기도 가능하다. 둘레길에서 시가지를 바라보는 경치도 멋진 곳이어서 대구시민들이 즐겨 찾는다. 앞산이나 그 둘레길에는 재미있는 이야기가 넘쳐난다.

고산골의 건열화석이나 공룡발자국, 은적사, 안일사, 임휴사에 얽힌 고려 태조 왕건 이야기, 1915년 안일사에서 결성되어 무장독립투쟁을 주도한 조선국권회복단 이야기, 큰골의 낙동강 승전기념관과 이시영 순국기념탑과 이호우 시비, 정유재란 때 귀화한 명나라 두사충의 대명단, 안지랑골 주변의 곱창골목과 앞산카페거리, 달비골의 평안동산, 달비고개에서 용두골로 넘어가는 길에서 가창댐과 최정산을 조망하는 때 묻지 않은 자연환경, 주상절리, 용두토성, 메타세콰이어길 등 많은 이야기가 앞산둘레길 걷기를 더욱 즐겁게 한다. 앞산 둘레길을 한 바퀴 도는 구간은 총 22km, 8시간 정도 걸린다. 앞산 둘레길은 달성군에서 조성한 <비슬산 둘레길> 제9코스(신천물길), 제10코스(앞산자락길)와 겹친다.

일반적으로 <앞산 자락길>은 고산골 입구에서 달비골의 달서구 청소년수련관까지 총 15km, 6시간 정도를 말한다. 대구시 남구청은 앞산 자락길 중에서 남구 구간(고산골 입구~매자골 황룡사 입구) 7.6km을 다시 6개 구간으로 나누고 있다.

1구간 메타세콰이어길(고산골 메타세콰이어길~고산골 수덕사) 0.9km
2구간 맨발산책길(고산골 수덕사~맨발산책로 입구) 0.9km
3구간 이팝나무길(맨발산책로 입구~케이블카) 2.3km
4구간 호국선열의 길(케이블카~충혼탑) 1.1km
5구간 꽃무릇길(충혼탑~안지랑골) 1.3km
6구간 소원성취길(안지랑골~매자골 황룡사) 1.1km

<앞산 둘레길>과 <앞산 자락길>의 명칭이 헷갈리므로 정리를 하면 다음과 같다. 앞산 둘레를 하나의 원으로 보았을 때, 360도 돌아서 원점회귀 하면 앞산 둘레길이다. 고산골에서 달서구 청소년수련관까지 180도 돌면 앞산 자락길이 된다. 고산골에서 매자골 황룡사까지 120도 정도 돌면 남구청에서 관리하는 앞산 자락길이다. 앞산 둘레길, 앞산 자락길, 남구청의 앞산 자락길 6개 구간의 경로와 거리, 명소는 다음과 같다.

## 앞산 둘레길(자락길)에 얽힌 이야기

앞산 둘레길에 있는 은적사, 안일사, 임휴사뿐만 아니라 대구 전역에는 고려 태조 왕건과 관련된 지명이 많다. 927년 후백제 견훤이 신라를 침공하자 국력이 쇠퇴하여 감당할 수 없었던 신라는 왕건에게 도움을 요청한다. 견훤의 군대는 왕건에게 호의적이었던 경애왕을 죽이고 경주를 노략질하였다. 왕건이 신라를 돕기 위해 경주로 출병했다는 사실을 탐지한 후백제군은 빠르게 이동하여 팔공산 동쪽 환성산 일대에 매복하여 왕건의 군대를 기다리고 있었다. 칠곡군 동명면 방향에서 기성 삼거리(대왕재)를 지나 바쁘게 달려온 왕건의 군사는 팔공산 아래(지묘동, 평광동 일대)에서 후백제군과 일대 격전을 치른다. 이 전투를 동수대전(桐藪大戰) 혹은 동수전투(桐藪戰鬪)라 한다. 동수전투에서 왕건의 군사는 크게 패해 왕건 자신도 목숨이 위태로운 처지가 되었다. 신숭겸 장군이 신묘한 꾀를 내어 왕건의 갑옷과 붉은 투구를 쓰고 활로를 만들었고, 김락 장군은 왕건을 대신해서 화살을 맞고 전사하였다. 전이갑, 전의갑 장군(가창면 한천서원에 배향) 등 5,000여 명의 선발대 중에서 4,970명이 전사했다고 하니 거의 전멸이었다. 신숭겸 장군이 왕건의 붉은 투구를 쓰고 왕건이 도망친 반대 방향으로 도망치며 분투하였지만, 마침내 포위되어 전사하였다. 붉은 투구를 쓴 왕건을 잡았다는 기쁨으로 환호하던 후백제군이 방심한 틈으로 구사일생한 왕건은 사색이 되었지만 추격병이 없어지자 안심(安心)하고 굳었던 얼굴이 풀려 웃음기를 되찾아(解顔), 현재의 해안, 반야월(半夜月), 안심 지역을 지나 금호강을 건넜다(안심습지나 팔현습지 근처를 건넜을 것이다).

금호강을 건넌 왕건은 앞산(대덕산)으로 도망쳐 조그마한 바위굴에 몸을 숨겼다. 붉은 투구를 쓴 장수는 왕건이 아니라 신숭겸이라는 사실을 알게 된 후백제군은 늦었지만 도망간 왕건을 잡기 위해 앞산으로 추격을 했다. 왕건이 처음 숨었던 바위굴 앞에는 대나무가 자라고 있었는데(은적사 왕건굴), 왕건이 몸을 숨기고 나자 거미가 내려와 거미줄을 쳤다. 천우신조였다. 거미줄이 많아 근처에 인적이 없다고 생각한 후백제군은 결국 왕건을 찾지 못하고 돌아갔다. 후백제군이 수색하는 3일 동안 꼼짝없이 좁은 굴에서 숨어 지낸 왕건은 추격병이 물러가자 굴에서 나와 산등성이를 넘어 시야가 확 트인 넓은 굴(왕굴-안일사 윗쪽 500m 지점)로 옮겨 3개월을 숨어 지냈다. 3개월 후, 왕건은 지원군이 온다는 소식을 듣고 산을 넘어 편안하게 쉬게 되었고(임휴사), 구사일생한 왕건은 지원군과 함께 칠곡, 선산, 김천을 지나 북쪽으로 멀리 도망쳤다. 이것이 팔공산과 앞산을 무대로 펼쳐진 동수전투의 전말이다.

3년 동안 절치부심하던 왕건은 930년 고창전투(안동시 병산지역의 전투, 병산전투라고도 한다)에서 견훤군을 대파하여 동수전투의 패배를 설욕하였다. 고창전투로 후백제군을 전라도 지역으로 몰아내고 936년 후삼국을 통일한 왕건은 동수전투가 벌어진 대구지역을 찾아 신숭겸과 김락이 죽은 곳에 지묘사(智妙寺), 앞산에 처음 몸을 숨겨 3일을 지낸 곳에 은적사(隱跡寺), 3개월을 숨어 지낸 왕굴이 있던 곳에 안일사(安逸寺), 지원군을 만나 휴식을 취한 곳에 임휴사(臨休寺)를 세웠다. 대구지역의 불로동, 봉무동, 연경동, 지묘동, 왕산, 초례봉, 무태, 파군재, 대왕재, 시랑리(失王里), 해안, 반야월, 안심, 고모(顧母), 살내(동화천), 장군수, 독좌암 등도 모두 왕건과 관련이 있는 지명이다.

두사충(杜師忠)은 임진왜란 당시에 명나라 장수 이여송 휘하의 수륙지획주사(水陸地劃主事-지형을 살펴 진지구축을 담당하는 참모. 시성 두보의 후손인 두사충은 풍수지리의 대가였다)로 참전하여 평양성 전투에서 큰 공을 세웠다.

그러나 조명연합군(朝明聯合軍)은 경기도 고양지역의 벽제관 전투에서 크게 패배하여 임진왜란은 상당 기간 교착상태가 되었는데, 이여송은 벽제관 전투의 패배 책임을 물어 두사충을 참수하려고 했다. 우의정 정탁, 의병장 이시발 등이 구명 탄원하여 겨우 목숨을 부지한 두사충은 정유재란에도 다시 참전하여 이순신 장군과도 교분을 쌓았다. 정유재란이 끝나고 두사충은 국운이 기울어가던 명나라로 돌아가지 않고 조선에 귀화하여 대구의 경상감영공원 터를 하사받아 정착했다.

임진왜란 후 경상감영이 상주에서 대구로 옮겨오자(1601) 두사충은 경상감영에서 뽕나무골(계산성당 뒤편)로 이사했다가 후에 다시 대덕산 기슭으로 옮겨 살았다. 두사충은 대덕산 기슭에 살면서 서쪽의 명나라 황제에게 배례하기 위해 대명단(大明壇)을 쌓았다. 현재 대명단이 남아 있지 않아 정확한 위치는 알 수 없지만, 두사충이 살던 마을이나 대명단이 있던 마을은 대명동(大明洞)이 되었다. 두사충은 죽어서 수성구 만촌 2동 남부정류장 뒤편 형제봉 기슭에 묻히고, 후손들은 이곳에 모명재(慕明齋)를 세워 두사충을 추모하고 있다.

1950년 8월, 대구까지 후퇴한 국군과 유엔군은 마산, 창녕, 대구, 경주, 포항을 경계로 하는 낙동강 방어선을 구축하여 북한군의 공세를 격퇴하고 북진하게 된다. 큰골의 낙동강 승전기념관은 전쟁의 승리를 기념하고 참전 용사의 얼을 기리기 위해 세워졌다. 기념관은 유물전시관이나 추모관 같은 내부전시실과 전쟁에 사용된 각종 무기를 전시한 외부전시실로 구성되어 있다. 기념관 뒤편에는 이시영 선생 순국기념탑이 있다. 이시영 선생은 일제강점기에 만주에서 한인무관학교를 설립하여 항일무장투쟁의 인재를 육성하였다. 1915년 안일사에서 결성된 항일무장 단체인 <조선국권회복단>과 함께 은적사, 안일사는 대구의 항일무장투쟁과 독립운동의 산실이었다.

시조 시인 이호우는 여동생 이영도와 함께 오누이 시인이다. 청도군 청도읍 내호리에서 출생한 이호우는 광복 후 대구로 이사하여 신문사에 근무하면서 <죽순>, <낙강> 등의 동인지에 시조를 발표하여 대구문화 창달에 기여했다. 승전기념관 뒤쪽 산속에 그의 시비가 세워져 있고, 시비에는 그의 대표 작품인 '개화(開花)'가 새겨져 있다.

달비골 입구에서 2km 정도 잘 다듬어진 길을 따라가면 정자와 샘터가 있어서 달서구 주민들이 많이 찾는 평안동산이 있다. 평안동산은 6.25이후 대구에 이주한 평안도민의 사유지에 건립되었고, 실향민의 애환이 서린 곳이다. 달비골은 골이 깊고, 계곡에 비치는 달빛이 아름다워 붙여진 이름이다. 달비가 한자로 바뀌면서 월배(月背)가 되었다. 평안동산에서 가창으로 넘어가는 달비고개까지는 1km 정도이다. 달비고개에서 용두골을 따라 가창면 사무소까지는 4km 정도이고, 가창교에서 고산골 입구의 용두토성까지는 신천 걷기길을 이용하거나 장암사, 법왕사 능선길을 이용하여 출발지인 고산골로 돌아오면 된다. 고산골 입구에는 신천과 수성들이 환히 내려다보는 지점에 삼한시대에 쌓은 것으로 추정되는 용두토성(龍頭土城)이 있다. 고산골 입구에서 10여 분 올라가면 신라시대 말에 창건된 법장사(法藏寺)가 있는데, 경내에는 사찰의 창건설화와 관련된 삼층석탑이 볼만하다.

앞산 둘레에는 대덕산, 산성산으로 오르는 진입로가 골마다 무수히 많다. 도심지와 가까워 길을 잃어버릴 염려는 없다. 용두골, 고산골, 큰골, 안지랑골, 매자골, 골안골, 달비골 등지에는 수없이 많은 갈림길이 있어 대구시민들이 즐겨 찾는 산책로가 되고 있다.

현충 삼거리에서 대명 고가교 구간에 조성된 <앞산 맛 둘레길>은 남구청 도시지원센터와 주민자치협의회, 상가번영회가 협력하여 만든 웰빙먹거리 거리이다. 앞산 맛 둘레길에는 안지랑 곱창골목과 앞산 카페거리가 만들어져 침체된 상권을 회복하고자 노력하고 있다. 앞산 둘레길(자락길)을 걷고 안지랑 곱창골목에서 연탄불에 구워 먹는 곱창 한 접시와 카페거리에서 마시는 차 한 잔은 걷기의 피로를 날려버리는 활력소라 할 만하다.
대구 음식은 맵고 짜기만 하고 고유의 감칠맛이 없다는 말을 자주 듣는다. 그러나 대구의 외식업이 현재 국내 외식업계의 트렌드를 선도해 가고 있다는 사실을 알아야 한다. 치맥(치킨과 맥주)의 도시, 치킨의 도시로 알려진 대구는 <교촌>, <호식이>, <페리카나>, <땅땅> 등이 창업하여 국내 치킨 업계를 장악하였고, 대구에 본사를 둔 외식업계 프랜차이즈도 전국을 선도하며 대구의 매운맛을 알리고 있다. <대구 10미>를 포함해서 대구근대골목 단팥빵이나 가창 찐빵도 이제 전국으로 명성을 떨치고 있으며 떡볶이나 감자탕도 식도락가들의 입소문을 타고 있다. 대구에서 살아남으면 전국 어디에서나 살아남을 수 있다는 외식업계 종사자들의 말은 대구사람들의 입맛이 그만큼 까다롭다는 이야기일 것이다. 여행지의 음식이나 여행지에서 맡은 냄새는 여행의 의미를 더욱 진하게, 오랫동안 기억하게 만든다. 대구의 대표적인 10가지 맛은 다음과 같다.

**제1미 뭉티기**

1950년대 말부터 기름기가 없는 소고기 엉덩이 살, 사태, 허벅지 살을 뭉텅뭉텅 썰어서 먹는다고 뭉티기라 불렀다. 고춧가루, 참기름, 다진 마늘로 맛을 낸 양념에 찍어 먹는다. 소 힘줄(동맥혈관)인 오도레기와 함께 먹으면 더욱 맛있다.

#### 제2미 막창(곱창)

성당못 뒤편에 있던 도축장이 1981년 서구 중리동으로 옮기면서 중리동 주변에 포장마차를 비롯해 곱창골목이 형성되기 시작했다. 도축장은 2001년 서구 중리동에서 다시 북구 검단동으로 옮겼지만, 중리동 주변에는 여전히 곱창골목이 남아 있다. 앞산에는 안지랑 골목을 곱창골목으로 특화시켜 개발하고 있다. 중리동은 곱창전골이 주된 메뉴이고, 앞산 안지랑 곱창골목에는 곱창이나 생막창을 연탄불에 구워 먹는다.

#### 제3미 납작만두

반죽하여 숙성시킨 밀가루 외피에 잘게 썬 당면과 부추로 속을 채워 납작한 만두를 만든다. 만두를 삶아서 기름에 튀긴 후 파를 잘게 썰어 만두에 뿌리고, 고춧가루를 넣은 간장에 찍어 먹는 대구의 대표적인 음식이다. 기름을 두른 팬에 튀기듯 구워서 바삭하고 쫀득한 맛이 일품이다. 한국전쟁 당시 밀가루가 귀하던 시절에 개발된 음식으로 서문시장과 교동시장 등지에서 아직도 판매되고 있으며 미성당과 남문시장의 <남문 납작만두>가 유명하다. 대구에서 어린 시절을 보낸 후 타지에서 살아가는 친구들은 지금도 남산동의 미성당 납작만두를 택배로 주문하여 먹기도 한다.

#### 제4미 따로국밥

소뼈를 고아 우려낸 사골 육수에 쇠고기, 선지, 야채, 파 등을 넣어 대구 사람들의 입맛에 맞게 조리한 대구식 소고기국밥이다. 밥과 국을 따로 제공하기에 따로국밥이라 한다. <국일 따로>, <대구 따로>, 앞산 <대덕식당> 등이 유명하다. 숙취가 있는 아침에 해장국으로 좋다.

**제5미 동인동 찜갈비**

따로국밥과 함께 대구를 대표하는 음식이다. 갈비를 푹 삶아서 고춧가루, 마늘, 생강 등을 듬뿍 넣어 다시 매콤하게 끓여 찌그러진 양은냄비에 담아준다. 1960년대 말부터 동인동을 중심으로 찜갈비 식당이 형성되어 전국적으로 알려졌다. 찌그러진 양은냄비가 세월의 맛을 더해 준다.

**제6미 회무침**

내륙도시인 대구에서 해산물은 수송 기간이 길어 장기보관이 어렵고 상하기 쉽다. 그래서 오징어, 소라, 붕장어(아나고), 가오리 회를 무채, 미나리, 고춧가루, 마늘, 생강 등을 넣어 버무린 것이 회무침이다. 맵고 달콤한 맛이며 납작만두에 싸서 먹기도 한다. 1970년대까지는 동구 불로동 주변이 무침회 가게들로 번성했으나 지금은 서구 내당동 반고개에 <무침회 골목>이 형성되어 있다.

**제7미 복어 불고기**

1970년대 후반 대구에서 개발된 음식이다. 복어를 콩나물, 야채와 함께 볶아 먹고 난 후 남은 양념에 다시 밥을 볶아 먹는다. 복어 불고기는 전형적인 대구의 매운맛으로 전국에 널리 알려졌고, 삶은 콩나물, 부추, 당면 등으로 매운맛을 순화시킨다. <미성복어>, <성림복어> 등이 유명하다.

**제8미 논메기탕**

논이나 호수에서 자라는 논메기에 여러 가지 양념을 넣고 얼큰하게 끓인 매운탕이다. 비린내가 없고 수제비를 넣어 먹으면 얼큰한 맛이 순해진다. 달성군 다사읍 지하철 문양역 주변의 부곡리와 강정보 주변이 논메기 매운탕으로 유명하다.

### 제9미 야끼우동

1970년대 대구에 최초로 등장한 볶음 우동이다. 중국의 하우면 혹은 일본의 야끼우동과 비슷한 음식이다. 우동용 면에 고춧가루, 마늘 등 매운 양념을 넣고 양파, 배추, 호박, 오징어, 돼지고기를 넣어 센 불에 볶아낸 매운맛이 특징인데, 남산동 중부소방서 옆에 있는 <차가 짬뽕>이 유명하다.

### 제10미 누른 국수

밀가루에 콩가루를 조금 넣어 반죽한 다음 홍두깨로 얇게 밀어 채를 썬다. 멸치 우려낸 물에 애호박, 어린 배추를 넣어 여러 가지 고명을 얹어 먹는 경상도식 칼국수이다. 콩가루를 넣어 반죽하기에 누른색이 나서, 혹은 홍두깨로 밀어서 만든다고 누른 국수라 부른다. 명덕네거리의 <할매 손칼국수>, 범어 네거리에서 신암 지하도 옆으로 이전한 <고향 칼국수> 등이 유명하다.

1

2

3

4

1. 앞산 설경 ©박진관
2. 앞산 주상절리
3. 은적사 ©박진관
4. 앞산자락길 ©박진관

삼풍APT ~ 용지봉 5Km
용지봉 ~ 감태봉 3Km
감태봉 ~ 성암산 4.6Km
욱수정 ~ 만보정 0.5Km
욱수정 ~ 감태봉 0.5Km
만보정 ~ 대덕산 1.8Km
복명초등학교 ~ 대덕산 2.8Km

# 산에는 신선이 살아야 명산이 되고

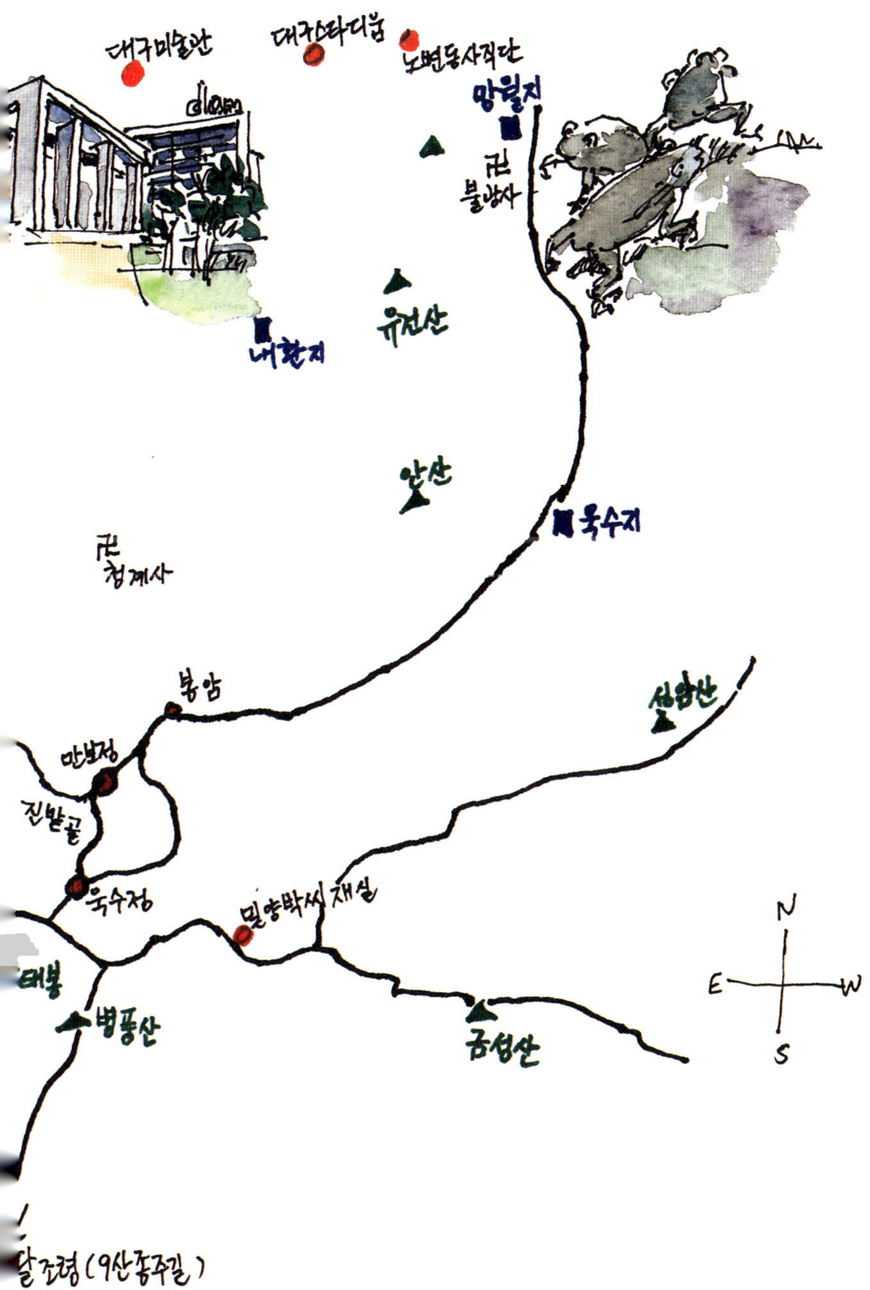

대구는 분지이다. 남북으로 뻗은 팔공산과 비슬산이 긴 산줄기를 형성하며 대구를 동쪽과 서쪽에서 감싸고 있다. 팔공산에서 분기한 초례봉(환성산) 줄기가 동북쪽으로, 비슬지맥에서 분기한 용지봉 줄기가 동남쪽으로 뻗어 있다. 용지봉은 다시 대덕산, 안산, 성암산, 병풍산, 동학산, 상원산으로 이어지며 최정산과 헐티재를 지나 비슬산괴에 맞닿아 있다. 대구시 동남쪽을 감싸고 있는 용지봉, 대덕산, 안산, 성암산 줄기는 대구시민과 수성구민을 위한 걷기길과 휴식처를 제공하고 있다.

일반적으로 용지봉 종주길은 서쪽 지점인 수성못 입구의 삼풍 아파트에서 시작된다. 삼풍 아파트~법이산~배드민턴장~애기봉~용지봉 트래킹은 5km 남짓의 짧은 길이어서 용지봉~(3km)감태봉~(4.5km)성암산까지 연장하여 12.5km를 완전한 용지봉 종주길로 본다. 용지봉 주변에는 다른 걷기길도 많다. 용지봉에서 감태봉으로 가기 전에 진밭골로 내려서면 욱수정과 만보정이 있다. 이곳은 용지봉 일대 걷기길의 중심이라 할 수 있는데, 만보정에서 서쪽으로 방향을 잡으면 대덕산을 거쳐 관계 삼거리의 천주교 공동묘지나 복명 초등학교 뒷길로 내려갈 수 있다(만보정에서 대덕산까지 1.8km, 대덕산에서 복명초등학교까지 2.8km).

대덕산에서 표지판을 따라 오른쪽으로 빠지면 대구스타디움이 나온다(2.5km). 만보정에서 북동쪽 임도를 따라가면 안산을 거쳐 욱수골로 내려가고, 가다가 왼쪽으로 빠지면 청계사, 내환지(內串池)를 거쳐 월드컵 경기장 자동차극장으로 이어진다(만보정~덕원고 4km, 만보정~자동차극장 4km). 안산으로 가기 전에 왼쪽으로 2km 정도 걸으면 대구스타디움이나 노변동 사직단으로 내려올 수도 있다. 진밭골의 욱수정에서 봉암사 방향으로 1km 정도 내려오면 수성구청에서 새로 조성한 <봉암누리길>과 만난다. 봉암누리길은 욱수동 공영주차장~오부자 산소~소바우~욱수지~눈물바위~봉암폭포까지 이르는 4.8km의 트래킹 길이다(욱수정~욱수동 공영주차장 5.5km).

용지봉에서 동쪽으로 3km 정도 걸으면 감태봉에 이르는데, 감태봉에서 500m 진행하면 광산고개(경산 남천이나 시지지역에 살던 광산 인부들이 가창의 광산으로 일하러 넘던 고개여서 광산고개로 불린다)에 이른다. 광산고개에서 남쪽으로 가면 병풍산, 비내고개, 동학산, 상원산을 거쳐 팔조령에 도착한다. 욱수골에서 성암산을 거쳐 광산고개~병풍산~동학산~상원산~팔조령~삼성산~우미산~청산~통점령(청산벌)~헐티재~비슬산~청룡산~산성산~용지봉을 거쳐 다시 욱수골로 원점 회귀하는 등산길을 <9산 종주길>이라 한다. 전문적인 산꾼들만 종주할 수 있는 80km가 넘는 길이어서 3~4일을 꼬박 걸어야 하고, 오랫동안의 걷기로 체력을 단련한 후에 도전해야 한다.

9산 종주길은 다시 가창의 상원산에서 비슬지맥과 만난다. 비슬지맥(琵瑟枝脈)이란 낙동정맥인 경주 사룡산에서 분기하여 청도, 경산을 거쳐 대구 구간인 상원산~삼성산~비슬산으로 이어져 경남 밀양의 종남산, 붕어등을 지나 낙동강에 이르는 146km 정도의 종주길이다. 전 구간에서 비슬산이 가장 높기에 비슬지맥이라 부른다. 비슬지맥은 팔조령을 지나면서 달성군에서 조성한 <비슬산 둘레길>, <최정산 누리길>과 만난다.

<용지봉 종주길>은 <비슬·대덕단맥>과 겹치기도 한다. <비슬·대덕단맥>은 경산 능동산~병풍산~감태봉~대덕산~관계삼거리~무학터널~무학산(대구 경찰청 뒷산)~범어체육공원(수성구민운동장)~만촌시민공원~동대구역~신암공원~산격동 연암공원을 지나 금호강에 이르는 27km의 산줄기이다. 백두대간에서 낙동정맥이 분기하였고, 낙동정맥에서 비슬지맥과 청용지맥이 분기하여 대구를 통과하고 있다.

일반적으로 용지봉 종주길은 수성못~법이산~용지봉~감태봉~성

암산까지 12.5km 구간이다. 이 길 중간에는 욱수골, 대덕산, 진밭골, 성암산 쪽에서 진입하는 수많은 접근로가 있다. 진입로가 많은 것은 개인의 체력에 맞는 코스를 자유롭게 선택하여 걸을 수 있어서 장점이 되기도 한다. 다음은 용지봉 종주길과 진입로들을 표시한 약도이다.

## 용지봉 종주길에 얽힌 이야기

수성못은 1925년 일제강점기에 일본인 미즈사키 린타로(水崎林太郞)에 의해 조성되었다. 그는 조선총독부의 예산과 사비로 수성못을 만들고 1939년까지 수성못 관리인을 하다가 죽었는데, 그의 유언에 따라 법이산 아래 수성관광호텔 근처에 무덤이 만들어졌다. 수성못 조성으로 수세나 소작료를 납부하게 되면서 핍박과 수탈의 대상이 된 수성들을 바라보며 대구 출신의 민족시인 이상화(1901~1943)는 <빼앗긴 들에도 봄은 오는가>라는 울분에 찬 시를 남겼다고 전해진다. 수성구청에서는 수성못 입구에 시인 이상화를 기리는 <상화공원>을 조성하였으며, <상화문학제>를 개최하고, <상화로>를 만들기도 하였다. 하지만 이상화가 말하는 빼앗긴 들은 앞산 아래의 들판이라는 연구결과가 나오자 남구청에서도 상화기념사업에 관심을 보이고 있다. 수성못을 한 바퀴 도는 것은 2km 남짓의 짧은 길이지만 멋진 걷기길이어서 사시사철 산책 나온 시민으로 붐빈다. 밤이면 영상 음악분수가 더욱 멋지다.

용지봉(629m)은 정상 부분이 용의 뿔을 닮아 붙여진 이름이다. 법이산 봉수대에서 용지봉으로 가는 길에는 배드민턴장과 각종 체육시설이 있어 주민들의 체력단련장으로 손색이 없다. 산 아래의 범물동(凡勿洞)은 이름부터가 범상치 않은 동네인데, 산에 범이 많이 살아서 범 울음이 들렸다는 옛이야기에서 비롯되었다(범울이 동네). 범물동 안쪽 진밭골 주변에는 소규모의 고산습지가 형성되어 있다. 고산습지가 많아 비가 오면 밭이 질어서 진밭골이라 한다. 진밭골과 용지봉 주변에는 1950년대까지 뱀이 많아 범물동 동네까지 자주 내려왔다고 한다. 지금은 개체수가 많이 줄었다.

관계 삼거리에 있는 천주교 공동묘지 가족 묘원에는 서상돈의 묘지가 있다. 서상돈(徐相敦, 1850~1913)은 일제강점기에 국채보상운동을 주도한 인물이다. 국채보상운동은 1907년 일본이 식민지건설을 위한 정지작업으로 강제차관을 공여하여 빚지게 된 국채 1300만 원을 갚아 주권을 회복하자는 국권회복 운동이었다. 국채보상운동은 일진회와 일본인들의 교묘한 방해 공작으로 실패했지만, 국권회복을 위한 최초의 범민족적인 운동이었다. 오랜 노력으로 국채보상운동 관련 기록물은 유네스코 세계기록유산으로 등재되었다.

범물동 서상돈의 무덤 아래에는 둘째 아들 서병조(徐丙朝)의 무덤이 있는데, 서병조는 조선총독부 중추원 참의를 지낸 대륜중·고등학교 교주(校主)이다. 국채보상운동을 주도한 서상돈과 북성로에서 우현서루를 운영한 이동진은 대구의 근대화와 민족교육을 주도하였다. 중구 북성로에 있었던 우현서루(友弦書樓)는 1904년 시인 이상화의 할아버지인 이동진이 사재를 털어 설립했는데 민족지사 양성 교육기관이었고 근대도서관이었다. 이동진의 사후에 그의 아들 소남 이일우(李一雨, 1870~1936, 시인 이상화의 백부) 선생이 운영한 우현서루는 대구 지역에 신지식을 보급하고 항일 지식인들과 민족주의자들을 위한 사랑방이자 학숙(學塾)이었으며, 대구 항일운동의 산실이자 애국지사의 양성소였다.

이장가(李庄家)는 대구에 살던 경주(월성) 이씨 가문으로 대구 근·현대사에서 역사의 중심에 섰던 <이동진—이일우/이시우—이상악·이상무·이상간·이상길, 이상성/이상정·이상화·이상백·이상오> 집안을 이르는 말이다. 한일합병 후 1911년 강제 폐쇄 때까지 우현서루를 맡아 운영하였던 이일우는 대구지역의 교육진흥운동과 상공업 발달을 목표로 활동하던 <대구광학회(大邱廣學會)>를 이끌며 금연으로 국채를 갚자고 제안하는 등 국채보상운동에도 주도적인 역할을 하였다. 달서구청에서는 대곡동에 <상화기념관·이장가 문화관>을 설립하여 이장가 집안의 민족의식을 고취시키고 있다. 오랫동안의 노력으로 국채보상운동이 유네스코 세계기록유산으로 등재가 확정되었기에 선양사업을 통해 경남, 부산지역의 국채보상운동도 새롭게 조명해야 할 것이다.

대구스타디움이 있는 시지, 신매, 욱수동에서 욱수골을 통해 용지봉 종주길로 접근하는 길이 많다. 조선시대에 대구와 청도를 잇는 교통요지인 시지원(時至院)이 있던 자리에서 시지동이 생겨났고, 신매동(新梅洞)은 신기리(新基里)와 내매동(內梅洞)이 합해진 명칭이다. 욱수동(旭水洞)은 골짜기에서 흘러내리는 물이 맥반석 물이어서(물이 좋아서) 붙여진 이름이다. 욱수천은 욱수지에서 시작되어 경산시의 남천에 합류한 뒤 다시 금호강과 합류한다. 1980년대까지만 해도 청정한 계곡물이 흘러내리는 욱수골에는 물고기와 가재가 많았다. 지금도 욱수골에는 공룡화석지가 있고, 덕원고등학교와 불광사 앞에는 두꺼비 산란장소로 유명한 망월지가 있다. 망월지는 두꺼비 보호구역으로 지정되어 있고, 매년 5월 비오는 날이면 부화한 새끼 두꺼비 수십만 마리가 불광사 뒤쪽의 유건산(453m)으로 대규모 이동하는 장관을 연출한다.

노변동 사직단은 조선시대에 만들어졌는데, 노변동 고분군, 사월동 지석묘군과 함께 보호해야 할 유적이다. 노변동(蘆邊洞)은 갈대가 많이 자라는 곳이라서 붙여진 이름이다. 사직단은 토지신과 곡식의 신에게 제사를 지내던 곳이다. 조선시대에는 역대 제왕의 신주를 모시고 제례를 봉행하던 종묘(宗廟)와 기우제, 기곡제를 지내던 사직단(社稷壇)을 보호하는 것(종묘사직을 보호하는 것)이 제왕의 기본적인 임무였다. 노변동 고분군은 이 지역의 도로건설을 하며 발굴된 수만 점의 삼국시대 유물이 포함된 유적지로서 고산지역의 생활문화를 잘 보여준다. 사월동 지석묘군은 사월보성타운 안에 있다. 욱수골 입구에서 봉암폭포까지 4.8km에 걸친 <봉암누리길> 주변에도 전래 설화와 전설이 많다. 행정구역상 경산시에 위치한 성암산(469m)은 성스러운 바위 굴(범굴)이 있어서 붙여진 이름이다.

삼국을 통일하고 신문왕이 즉위하자 왕과 귀족 간의 세력다툼이 일어났다. 신문왕은 통일신라의 왕권을 강화하고 귀족세력을 견제하기 위해 달구벌 천도를 계획하였고, 689년 경산의 장산성(獐山城)으로 순행하게 된다. 백제와 고구려를 통일한 왕국을 동남쪽에 치우친 경주에서 통치하는 데는 한계가 있었다. 진골과 귀족의 반대로 달구벌 천도계획은 무산되었지만, 역사적으로 대구가 왕경(王京)으로 적합한 땅이란 것이 입증되었다. 실제로 달구벌은 산이 감싸고 있어서 군사적으로 방어가 쉬운 땅이고, 금호강이 낙동강과 연결되어 수상교통이 편리하였다. 압량벌, 고산들, 수성들이 있어서 농업생산물이 풍부한 곳이었기에 왕국을 통치하기에 적합한 왕경의 입지조건을 두루 갖춘 땅으로 인식되었다.

산에는 신선이 살아야 명산이 되고, 물에는 용이 살아야 신령한 못이 된다고 한다. 걷기길에도 많은 탐방객이 몰려야 비로소 명품 걷기길이 된다. 용지봉이나 욱수골에 거미줄처럼 펼쳐진 수많은 걷기길도 밤낮으로 탐방객이 몰리니 이제는 명품 걷기길이 되어가고 있다. 실제로 걸어보면 아기자기한 산길을 걷는 재미가 쏠쏠하다. 경치는 수승하고 정취는 그윽하여 깊은 산속을 걷는 느낌이 든다. 봉우리에서 내려다보는 대구시가지의 경치 또한 멋지다. 도심에 이러한 걷기(트래킹)길과 재미있는 이야기를 간직한 곳이 있다는 것은 대구의 큰 자랑이다.

1

2

1. 용지봉에서 바라본 대구 시가지
2. 서상돈 묘지(범물동 천주교 공동묘지 가족묘원)

1

2

3

4

1. 노변동 사직단
2. 수성못 야경 ©박진관
3. 불광사 망월지
4. 이장가(李庄家)

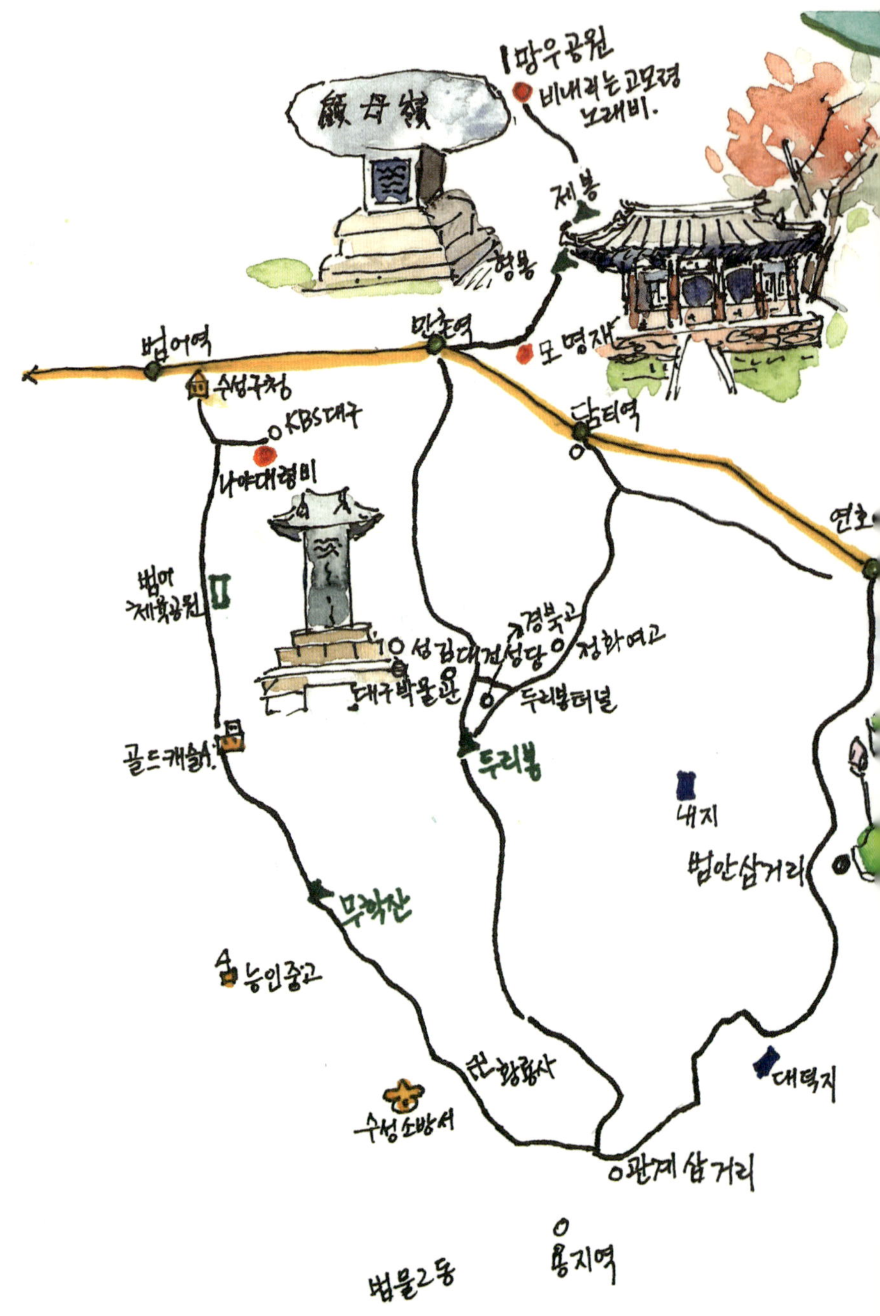

망우공원
비내리는 고모령 노래비.
제봉
형봉
만촌역
범어역
모명재
수성구청
KBS대구
나아대령비
담티역
연호
범어 체육공원
성김대건성당
경북고
정화여고
대구박물관
두리봉터널
골드캐슬
두리봉
내지
범안삼거리
무학산
능인중고
황룡사
대덕지
수성소방서
관계삼거리
용지역
범물2동

# 한 가지 덕을 닦아 후세에 백 가지 경사가 오게 하고

일반적으로 걷기길의 한 구간은 평지를 기준으로 하면 15km 미만이고, 오르막과 내리막이 있는 등산길인 경우에는 10km 이하이다. 수성구 만촌동에 있는 형제봉 걷기길은 높지는 않지만 등산길이고 4코스를 모두 걸으면 10km가 넘으니 도심지에 있는 걷기길로 손색이 없다(총 10.9km, 330분). 형제봉 걷기길은 군데군데 체육시설이 많아 수성구 만촌동 주민들이 많이 찾지만 군부대 지역이어서 등산로를 제외하고는 출입이 제한된다. 특히 대구시립 화장터가 있는 명복공원 근처에서는 인도의 바라나시(갠지스강) 여행에서 느낀 삶과 죽음이 공존하는 묘한 냄새를 맡을 수 있다. 4개 코스의 거리, 소요시간, 경로, 지도는 다음과 같다.

<형제봉길 코스>(3.39km, 120분): 모명재~형봉 건강쉼터~그루터기쉼터~제봉~<비 내리는 고모령>노래비~영남 제일관

<모봉길 코스>(3.22km, 100분): 그루터기쉼터~동대사~모봉~어부바쉼터~전우쉼터~고모역

<고모령길 코스>(1.89km, 50분): 고모역~고모 노래쉼터~여럿이 함께 만든 쉼터~제봉

<팔현길 코스>(2.41km, 60분): 금호강 철새 탐조대(팔현 체육공원)~수성 패밀리파크~팔현 마을~갈림길~고모 건강쉼터~제봉 건강쉼터

걷기 마니아들은 형제봉 걷기에 만족하지 않고 남부정류장을 건너 오성고, 정화여고를 지나 두리봉을 종주하여 연호역으로 가는 길을 걷기도 하고, 두리봉을 지나 무학산(경찰청 뒷산), 범어체육공원(대구박물관과 수성구민운동장이 있는 공원)을 환종주하여 대구여고로 내려오기도 한다. 두리봉~연호역 코스(8km, 3시간)와 두리봉~무학산~범어체육공원 코스(15km, 6시간)의 경로와 거리, 시간은 다음과 같다.

**<두리봉~연호역 코스>(8km, 3시간)**

만촌역~덕일 어린이집~오성고~정화여고~두리봉 터널~경북고~두리봉~산불감시초소~조일골 삼거리~운곡사~연호 마을회관(연호내지)~연호역

**<두리봉~무학산~범어체육공원 코스>(15km, 6시간)**

만촌역~덕일 어린이집~오성고~정화여고~두리봉 터널~경북고~두리봉~산불감시초소~조일골 삼거리~두산 삼거리(황룡사 입구, 무학터널)~수성소방서 맞은편 입구~무학산(능인고)~황금 캐슬골드파크~국립대구박물관~범어공원~대구여고(수성구청) 혹은 KBS 방송국(나야대령비)

더욱 극성스러운 마니아들은 고산동 주민들이 즐겨 찾는 천을산(121m)까지 연장하여 형제봉, 천을산, 두리봉, 무학산, 범어체육공원 코스를 걷기도 하는데, 총 26km이고 8시간 이상 걸리는 걷기길이다. 도심지 걷기길로는 상당한 거리이다. 형제봉 종주길을 포함하여 연장코스 전체 경로는

다음과 같다.

만촌역 ~ 모명재 ~ 형봉 ~ 제봉 ~ 고모역 ~ 가천 지하차도(가천역) ~ 천을산 ~ 우산(고산서당) ~ 고산중 ~ 대공원역 ~ 연호역 ~ 담티고개(대륜고) ~ 두리봉~산불감시초소~조일골 삼거리~두산 삼거리(황룡사 입구, 무학터널)~수성소방서~무학산(능인고)~황금 캐슬골드파크~국립대구박물관~범어공원~대구여고(수성구청) 혹은 KBS 방송국(나야대령비)

## 형제봉 종주길에 얽힌 이야기

명나라를 그리워한다는 모명재(慕明齋)는 임진왜란과 정유재란에 참전한 명나라 장수 두사충(杜師忠)의 묘소 앞에 만들어진 재실이다. 두사충은 시성 두보(杜甫)의 22대손으로 임진왜란 당시에 이여송 장군의 풍수지리참모(水陸地劃主事)로 참전하여 평양성 전투에서 승리하였으나 경기도 고양의 벽제관 전투에서 패배하였다. 명나라 장수 이여송은 진지구축에 실패하여 전투에서 패배한 책임을 물어 두사충을 처형하려고 하지만 우의정 정탁, 의병장 이시발 등의 탄원으로 겨우 목숨을 건졌다. 이때 두사충의 마음속에는 구명(救命)을 해준 조선에 대한 감사함이 컸다. 정유재란이 일어나자 두사충은 두 아들을 데리고 다시 참전하게 된다(두 아들을 데리고 참전했으니 이미 조선에 귀화를 결심했을 것이다). 당시 중국 동북부에서 세력을 넓혀가던 누르하치는 여진족을 통합한 막강세력으로 성장하여 명나라의 멸망은 이미 예견되고 있었다.

명나라의 국운이 다하고 새 왕조 청나라가 시작되리라는 것을 풍수지리학의 대가이자 기문둔갑(奇門遁甲)을 공부한 두사충도 이미 짐작했다. 정유재란이 끝나고 두사충은 귀국하지 않고 조선에 귀화하여 대구의 경상감영공원 지역의 땅을 하사받아 정착하게 된다. 임진왜란 후 상주에 있던 경상감영이 대구로 옮겨오자 두사충은 경상감영공원에서 계산성당 뒤편 뽕나무골로 이주한다. 당시 왜란을 겪은 조선의 현실은 참담했기에 살던 마을 주변에 뽕나무를 심어 헐벗은 조선 백성을 구제하였다.(지금도 계산성당 뒤편에는 이곳이 뽕나무골이라는 것을 상징하는 뽕나무가 자란다). 지금도 계산동을 뽕나무골로 부르는 이유이다. 홀아비로 살던 두사충 옆집에는 수절한 과부가 살고 있었고, 두 사람은 곧 결혼하게 된다. <님도 보고, 뽕도 딴다>는 말이 헛말이 아니었다. 두사충은 후에 다시 이사하여 대구고등학교 근처에 살았고 멸망한 명나라와 황제에게 배례(拜禮)하기 위해 최정산(대덕산) 아래에 대명단(大明壇)을 쌓았다. 두사충이 살던 마을 혹은 대명단이 있던 마을이 남구 대명동의 지명 유래가 된다. 두사충은 말년에 명당이라는 우산 기슭(고산서당 근처)에 묘 터를 잡았으나 담티고개 근처에서 죽게 되고, 결국 형제봉 아래에 묻히게 된다.

후손들은 두사충의 묘가 있는 형제봉 아래(만촌역)에 명나라를 그리워 한다는 모명재를 짓고, 대문에는 만동문(萬東門)이라 현판을 달았다. 모명재에는 두사충과 이순신 장군의 우정을 기리는 비석이 있다. 먼 훗날 남북분단을 예견한 두사충은 후손이 끊길 것을 우려해 데려온 두 아들을 한 명은 북한 땅에 한 명은 대구에 살게 했다는 이야기도 있다. 두사충의 후예인 두릉 두씨 후손들은 계산동, 대명동을 근거지로 지금도 대구에서 살고 있다. 임진왜란과 정유재란에 공을 세운 두사충에게 보낸 이순신 장군의 헌시 <봉정두복야(奉呈杜僕射)>가 모명재 주련으로 걸려있다.

| | |
|---|---|
| 北去同甘苦(북거동감고) | 북(명)으로 갈 때는 고락을 함께 했고 |
| 東來共死生(동래공사생) | 동방(조선)에 와서는 생사를 함께 했네 |
| 城南他夜月(성남타야월) | 성 남쪽 남의 나라 달빛 아래서 |
| 今日一盃情(금일일배정) | 오늘은 한 잔 술로 정을 나누세 |

—이순신, 「奉呈杜僕射」(봉정두복야-두복야(두사충)에게 바침)

조선 건국 초기부터 투항해온 왜인을 항왜(降倭)라고 한다. 조선의 앞선 문물에 대한 동경과 일본 국내의 정치적인 입지가 좁아지거나 혹은 상관의 횡포나 박해를 피하기 위해 항왜가 생겨났다. 본격적인 항왜는 임진왜란부터 시작되는데, 그 숫자는 1만 명에 이른다. 임진왜란은 국가 간의 전쟁인 조일전쟁(朝日戰爭)이 아니라 히데요시(豐臣秀吉)의 가병이 출병한 전쟁이다. 따라서 전쟁이 장기화되자 강제로 동원된 병사들 사이에서 반전 분위기가 조성되었고, 식량부족, 과다한 군역부과, 상관 횡포 등으로 다수의 왜군이 조선으로 투항하게 된다. 하지만 사야가(沙也可, 金忠善, 귀화 당시 22세)는 임진왜란 개전 초기에 귀화하였기 때문에 특별한 경우였다. 조선에 귀화한 사야가의 심정은 그의 문집에 수록된 강화서(講和書)에 잘 나타나 있다.

'지금 제가 귀화하려 함은 지혜가 모자라서도 아니오, 힘이 모자라서도 아니며 용기가 없어서도 아니고 무기가 날카롭지 않아서도 아닙니다. 저의 병사와 무기의 튼튼함은 백만의 군사를 당할 수 있고 계획의 치밀함은 천 길의 성곽을 무너뜨릴 만합니다. 아직 한 번의 싸움도 없었고 승부가 없었으니 어찌 강약에 못 이겨서 화(和)를 청하는 것이겠습니까. 다만 저의 소원은 예의의 나라에서 성인의 백성이 되고자 할 뿐입니다.'(講和書, 慕夏堂文集 제1권)

그는 임란 초기에 투항하여 임진왜란, 이괄의 난, 병자호란 때도 많은 공을 세워 삼난공신(三亂功臣)이 되기도 한다. 선조(宣祖)는 사야가에게 김해 김씨를 사성(賜姓)하고, 충선이란 이름도 하사하였고, 벼슬은 정2품인 자헌대부의 품계를 주었다. 30세에는 진주목사의 딸과 혼인하였고 말년에는 대구시 달성군 가창면 우록동에 정착하여 72세까지 살았다. 묘지는 녹동서원 뒤쪽의 삼정산에 있다.

가창 우미산 아래의 소 굴레 형상의 마을인 우륵동(牛勒洞)은 김충선이 정착한 이후에 사슴을 벗하며 유유자적하였다고 우록동(友鹿洞)으로 지명이 바뀌기도 했다. 김충선은 평화주의자였고 한일 우호증진의 모범을 이미 400여 년 전에 보여주고 있다. 김충선 가문은 번성하여 현재 20만에 이르는 후손을 자랑하고 있고, 우록동에는 녹동서원과 한일우호증진관이 건립되어 있다. 사슴을 벗하며 놀던 모하당 김충선의 가훈은 다음과 같다.

> 種一德而受百慶於後世(종일덕이수백경어후세)
>
> 한 가지 덕을 닦아서 후세에 백 가지 경사가 오게 하고,
>
> 行一善而遺萬利於子孫也(행일선이유만리어자손야)
>
> 한 가지 선을 행하여 자손들이 만 가지 복을 받게 하라

나야 대령(참전 당시에는 중령)은 6.25때 UN 인도 대표로 참전하여 1950년 8월 낙동강 전선 시찰 도중 칠곡군 왜관에서 지뢰폭발로 사망했다. 당시 한국-인도간 유해송환협정이 체결되지 않아 그의 유해는 화장 후 대구여고 뒤편 범어동 산 156번지(속칭 주일골)에 안장되었고, 기념비를 세웠다. 60여 년 동안 남편을 그리워하며 사부곡(思夫曲)을 부르던 부인 비말라 나야 여사도 2011년 사망 후, 유언에 따라 2012년 나야 대령 옆

에 묻혔다. 나야 대령과 비말라 부인의 이야기는 남편이 돌아오기를 기다리다 돌이 된 울산의 치술령 망부석(鵄述嶺 望夫石) 이야기와 다름이 없다. KBS 방송국 옆 범어체육공원 산책길(속칭 주일골)을 따라 100m 정도 오르면 나야 대령비가 있다. 한국과 인도의 오랜 교류를 상징하는 기념비로 인도 관광객이 많이 찾는 역사적인 장소이다.

두사충, 김충선, 나야대령 유적은 우리나라가 중국, 일본, 인도와 오랫동안 교류하고 있었음을 보여주는 역사적인 장소이다. 대구시는 수성구 만촌동에 있는 두사충의 모명재, 달성군 가창면 우록동에 있는 녹동서원, 수성구 범어동의 나야대령비를 더욱 잘 가꾸고 관리하여 중국, 일본, 인도와의 교류를 증대시키는 발판으로 삼아야 한다.

황금동 두리봉 가는 길에 있는 청호서원(靑湖書院)은 모당 손처눌(孫處訥, 1553~1634)을 배향하고 있다. 한강 정구의 제자이자 서사원, 장현광과 교유한 손처눌은 임진왜란이 일어나자 의병을 일으켜 활약하였고 임란 후에는 황청동에 정착하였다. 수성들의 황금들녘과 푸른 산이 에워싼 동네라는 황청동(黃靑洞)은 발음이 '황천동'과 비슷하여 현재의 황금동으로 고쳤다. 손처눌은 왜란 중에 부모상을 당해 상을 제대로 치루지 못한 것을 한탄하며 영모당(永慕堂)을 짓고 모당(慕堂)이라 자호(自號)하였고, 오랫동안 대구향교 총책임자인 도유사(都有司)를 맡아 후진양성에 주력하였다.

황금동 우방신천지 아파트 근처에는 남은(南隱) 서섭(徐涉)을 배향한 덕산서원(德山書院)이 있다. 서섭은 조선 초기 문신으로 벼슬이 판서에 이르렀으나 세조가 단종을 몰아내고 왕위에 오르자 관직을 버리고 은둔생활을 하였다. 달성 서씨 판서공파 후손들은 1926년 파조(派祖)의 묘소에 첨모재를 건립하고, 1954년 중수 후 당우를 덕산서원으로 편액하였다. 남은 서섭은 경북 포항시 남구 동해면 중산리의 중양서원(中陽書院)과 전북 무주군 무풍면 지성리의 분양서원(汾陽書院)에도 배향되어 있다.

수성구 성동 산 22번지에는 고산서당(孤山書堂)이 있다. 퇴계 이황과 우복 정경세를 배향하고 있으며, 지금도 퇴계와 우복이 강학한 것을 기념하여 강학유허비와 느티나무가 있다.

고모(顧母)라는 지명에 얽힌 이야기는 세 가지 정도가 전해져 내려온다.

1. 동수전투에서 패배한 왕건이 금호강을 건너서 도망치다가 이 지역을 지나며 처량한 자신의 신세가 서글퍼서 어머니를 생각했다는 설화.

2. 조선 태조 때 이 마을을 개척한 선비 전백영이 고모라고 명명했다고 함.(수성구청 안내자료)

3. 자매의 싸움에 속상한 어머니가 자매를 버리고 떠나면서 마지막으로 자매를 돌아본 고개가 현재의 고모령(顧母嶺)이다. 즉 형봉과 제봉(매봉) 사이의 고갯길이 고모령(모봉)이라는 민간 설화.

고모라는 지명이 유명해진 것은 <비 내리는 고모령>이란 가요가 발표된 이후이다. 일제강점기에 징병이나 징용에 끌려가던 자식과 어머니가 이별하던 장소라는 이야기를 듣고 유호가 작사하고 박시춘이 작곡한 <비 내리는 고모령>은 1940~1950년대 격동기의 시대상황과 잘 어우러져 오랫동안 애창되었다. 지금도 <울고 넘는 박달재>, <찔레꽃> 등과 함께 당시를 대표하는 가요가 되고 있다. 실제로 가수 현인이 부른 노래를 들으면 고향에 대한 그리움과 어머니를 향한 애틋함이 밀려온다. 고모령에 대한 관심이 전국으로 확산되자 수성구청에서는 2001년 망우공원 입구에 <비 내리는 고모령> 노래비를 세우고, 2012년 <모명재 길>을 만들면서 일부구간을 <고모령 길>로 부르기 시작했다. 대구 출신의 박해수

(1948~2015) 시인은 고모역사(顧母驛舍) 앞에 <고모역>이란 시를 남겨두고 몇 해 전 이 땅을 떠났다.

고모역

박해수

고모역에 가면
옛날 어머니의 눈물이 모여 산다
뒤돌아보면 옛 역은 스러지고
시레기 줄에 얽혀 살던
허기진 시절의 허기진 가족들
아 바스러지고 부서진 옛 기억들
부엉새 소리만 녹슨다
논두렁 사라진
달빛 화물열차는 몸 무거워
달빛까지 함께 싣고
쉬어 가던 역이다

고모역에 가면
어머니의 손재봉틀처럼
덜커덩 덜커덩거리는 화물열차만
꽁지 빠진 새처럼
검은 물새 떼처럼
허기지게 날아가는
그 옛날 고모역 선로 위에서

아 이즈러진 저 달이
아 이즈러진 저 달이
어머니의 눈물처럼 그렁그렁
옛 달처럼 덩그라니 걸려 있구나
옛 달처럼 덩그라니 걸려 있는
슬픔처럼 비껴 서 있는
그 옛날 고모역에서

도심에 펼쳐지는 걷기길인 형제봉, 두리봉, 무학산, 범어체육공원 주위에는 얽힌 이야기가 많다. 형제봉의 유래, 담티고개, 솔정고개, 연호동의 연꽃 이야기, 국립 대구박물관, 김대건 성당 등에도 수없이 많은 사람 살아가는 이야기가 있다. 이러한 길을 걸으며 옛이야기를 떠올리면 걷기의 즐거움은 배가될 것이다.

1

2

3

4

1. 명나라에서 귀화한 장수 두사충을 기리는 모명재
2. 고산서당 퇴계 이황 및 우복 정경세 나무 ©박진관
3. 범어체육공원 근처 나야대령비
4. 일본에서 귀화한 장수 김충선을 기리는 녹동서원 ©박진관

평광지
평광종점
첨백당
용암산
대암봉
관음사
도동측백수림
도동
옻골재
요령봉
경북대학술
매여종점
옻골
둔산동
능천산
해안초
상매동
해안동
각산동
방촌역
용계역
율하역
신기역
반야월

6장 — 초례봉(환성산) 가는 길

# 옛 벽에 푸른 측백<br>옥창 같이 자라고

명품 걷기길이란 위험요소가 없는 안전한 길이어야 하고, 주변 경치가 좋아야 한다. 자연환경을 거스르지 않는 편의시설이 잘 갖춰져야 하며, 설화, 전설, 역사가 풍부하여 이야기가 많아야 한다. 스페인의 <산티아고 가는 길>은 안전하고, 경치가 좋으며, 숙박 시설을 비롯하여 군데군데 편의시설이 잘 갖춰져 있다. 예수의 제자 야곱의 이야기가 넘쳐나기에 세계적인 명품 걷기길이 된 것이다. 이러한 명품 걷기길의 충분한 조건을 갖춘 길이 팔공산 주변에도 있다. 팔공산에 만들어진 걷기길은 능선이나 둘레를 돌아가는 안전한 길이고, 주변 경치가 좋을 뿐 아니라 걷기길을 즐겁게 만드는 흥미로운 이야기가 넘쳐난다.

팔공산은 신라시대에는 신령스러운 오악(五嶽) 가운데 하나인 중악(中嶽)으로 불렀다. 산자락에는 동화사, 은해사를 비롯하여 많은 절과 암자가 들어섰고, 갓바위 부처가 조성되었다. 팔공산 주변에서 고려 태조 왕건과 후백제 견훤의 군사가 격돌한 동수전투(혹은 공산전투)가 있었었고, 몽고 침입 시에는 부인사에 보관한 초조대장경이 불탔다. 공산성, 용암산성, 가산산성, 봉무토성이 있으며 임진왜란 당시에는 동화사에 영남지역의 승병 본부인 치영아문(緇營牙門)이 설치되었다. 조선말에는 수십 명의 천주교도들이 한티재에 모여 살다가 병인박해로 순교하였다. 수려한 경치와 안전하게 조성된 길마다 우리의 아픈 역사와 이야기가 넘쳐나므로 팔공산 주변의 걷기길은 명품 걷기길의 조건을 모두 갖추고 있는 셈이다. 팔공산 명품 걷기길 중에서 <초례봉(환성산) 가는 길>, <팔공산 왕건길>, <팔공산 올레길>, <팔공산 종주길>, <도덕산 종주길>과 그에 얽힌 스토리를 살펴본다.

일반적인 팔공산 주종주길은 가산에서 시작하여 팔공산을 거쳐 갓바위에 이르는 30km 정도의 등산길이다. 하지만 산꾼들은 '가팔환초'(가산-

팔공산-환성산-초례봉)를 완전한 팔공산 종주길이라 부르고, 40km가 넘는 길을 15시간만에 종주한 사실을 자랑한다. 갓바위(관봉)에서 흘러내린 산세가 능성고개를 지나 다시 솟구쳐 환성산, 초례봉, 무학산, 요령봉, 대암봉, 능천산을 만들었고 이 주변의 산세나 경치는 팔공산에 못지 않다. <초례봉 가는 길>은 동구 둔산동, 평광동, 신서 혁신도시, 진인동, 안심, 청천, 하양 등지에서 접근이 쉬워 대구가 자랑할 수 있는 걷기길이다. 이 길에는 평광동 주변의 왕건·신숭겸 이야기, 둔산동 옻골의 경주최씨 종가인 백불고택(百弗古宅) 이야기, 김유신 장군과 원효의 기도처인 무학산 자락의 불굴사(홍주암)의 창건 유래, 능천산, 명마산, 초례봉의 전설 등 역사적인 사실과 설화가 깃들어 있다.

초례봉은 전망이 좋다. 초례봉 정상에 서면 숙천, 율하천 계곡, 신서동 혁신도시, 금호강, 하양벌, 압량벌, 고산벌, 수성벌이 손에 잡힐 듯 조망되고 팔공산 줄기와 비슬산, 앞산, 용지봉, 성암산 등이 한눈에 들어온다. 초례봉 정상은 워낙 전망이 좋아서 인근 마을에는 '초사모'(초례봉 사랑 모임)가 조직되어 있고, 정상에서 매년 해맞이 행사를 개최하기도 한다. 초례봉 가는 길은 많지만, 그중에서 시민들이 가장 많이 찾는 길은 신서동 혁신도시의 새론중학교 뒷길(신서지, 동곡지)과 매여동 버스 종점에 있는 경북대 학술림 옆의 진입로이다. 매여동 버스 종점에서 초례봉을 오르는 길은 거리는 짧지만 가파르고 마사토가 많은 길이어서 미끄럽다(매여종점~초례봉 2.3km, 새론중~초례봉 4.5km). 걷기에 자신이 있는 사람들은 새론중~초례봉~낙타봉~새미기재~환성산~요령봉~능천산~해안초교 종주를 한다(18km, 7시간).

초례봉~낙타봉~새미기재~환성산~능성고개~갓바위는 대구시와 경산시를 구분하는 경계선이다. 초례봉에서 낙타봉으로 진행하다가 표지판에서 오른쪽으로 가면 장군봉 갈림길을 지나 대구 가톨릭대 혹은 경일대로 내려가게 된다. 새미기재에서 오른쪽은 경산시 하양읍 대곡리 이고, 왼쪽은 대구시 동구 평광동이다. 옛날 도로 사정이 좋지 못할 때 평광동 주민들이 새미기재를 넘어 하양 장을 보러 다녔다(평광동 사람들은 옻골재를 넘어 둔산동의 해안 장을 보러 다니기도 했으나 옻골재를 넘는 길은 험하고 멀었다). 환성산에서 전망바위를 따라 왼쪽으로 가면 수목장(樹木葬)으로 유명한 동구 진인동 도림사(道林寺)로 내려가고, 오른쪽으로 가면 하양의 천년고찰 환성사(環城寺)에 이른다. 주변의 산을 고리로 걸어 당기는 형상이어서 이름이 붙여진 환성산(環城山, 811m)에서 능성고개로 가다가 오른쪽으로 가면 하양 무학산을 거쳐 김유신과 원효가 수도했다는 불굴사 홍주암(佛窟寺 紅珠庵)으로 내려간다.

평광동 버스종점에서 첨백당(瞻栢堂)을 지나 옻골재로 올라 대암봉, 요령봉, 능천산을 거쳐 상매동으로 내려오는 길도 있다. 옻골재는 둔산동 옻골에서 평광동으로 넘어가던 옛길이다. 요령봉에서 서쪽으로 방향을 틀어 옻골재~대암봉~용암산을 지나면 불로천이 흐르는 측백나무 숲으로 유명한 도동으로 내려온다. 용암산에서 바라보는 금호강의 전망과 대구시가지 경치가 좋아 야경 감상을 위해 야간산행을 하는 사람들이 많다.

## 초례봉 주변에 얽힌 이야기

초례봉 주변은 대구시 동구청이 조성한 <팔공산 왕건길>과 겹친다. 왕건길 6코스 <호연지기길>(평광동 버스종점~매여동 버스종점, 5km), 7코스 <가팔환초길>(매여동 버스종점~초례봉, 3.3km), 8코스 <구사일생길>(초례봉~동곡지, 4km)이 초례봉과 겹치는 구간이다. 초례봉 주변의 평광동, 해안, 안심 지역은 왕건이 동수전투에서 패하고 도망치던 길이기에 왕건과 관련된 이야기가 많다. 동수전투에서 신숭겸 장군과 김락 장군이 왕건을 대신해서 죽었는데, 왕건은 후삼국 통일 후 평광동 지역을 성역화하고, 두 장군의 혼령을 위로하기 위해 팔관회를 개최하였다. 오랜 세월이 흘러도 고려왕조는 신숭겸, 김락 장군에 대한 추모의 마음이 여전하였다. 고려 16대 왕인 예종은 1120년(예종 15년)에 서경 팔관회에 행차하여 인형극을 보며 고려가요(향가 형식) 도이장가(悼二將歌)를 짓는다. 도이장가는 죽음으로 태조 왕건을 구한 두 장군의 충절을 기리며 신하들에게 충신의 표상으로 삼아줄 것을 강조하는 내용이며 평산 신씨 장절공 유사(平山申氏壯節公遺事)에 그 제작 동기와 작품이 전한다.



| | |
|---|---|
| 主乙完乎白乎 | 임을 완전하게 하신 |
| 心聞際天乙及昆 | 마음은 하늘 끝까지 미치고 |
| 魂是去賜矣中 | 넋은 갔지만 |
| 三烏賜敎職麻又欲 | 내려 주신 벼슬이야 또 대단했구나 |
| 望彌阿里剌 | 바라다보면 알 것이다 |
| 及彼可二功臣良 | 그때의 두 공신이여 |
| 久乃直隱 | 이미 오래되었으나 |
| 跡烏隱現乎賜丁 | 그 자취는 지금까지 나타나는구나 |

—예종, 도이장가(悼二將歌)

초례봉에는 나무꾼과 선녀가 초례를 치루었다(첫날밤을 보냈다)는 전설이 있다. 고려 태조 왕건이 초례봉에서 승리를 기원하는 제사를 지냈다는 이야기도 있다. 초례봉 봉우리는 복조리를 닮아 조리봉이라 부르기도 하는데, 정상에서 바라다보는 전망이 광활하여 이곳이 대구, 경산을 호령할 수 있는 군사요충지임을 금방 알 수 있다.

환성산(감투봉)은 산세가 주변의 산(팔공산, 무학산, 초례봉, 요령봉 등)을 고리로 당기는 형상이어서 붙여진 이름이다. 동쪽 골짜기에는 신라시대

심지왕사가 창건한 천년고찰 환성사가 있다. 환성산 동남쪽에는 대구 가톨릭대로 가는 길에 장군봉이 있다. 명나라 장수 이여송이 임진왜란 당시 원군으로 와서 살펴보니 조선의 산세가 빼어나 인물이 많을 것이라 생각하고 지세를 누르기 위해 장군봉의 봉우리를 잘라버렸다는 이야기가 있다. 믿을 수 없는 이야기지만, 장군봉 봉우리를 잘라버리자 주변에 음의 기운이 강해져서 효성여자대학(대구 가톨릭대 전신)이 여기로 이전했다고 한다. 하양 무학산 불굴사에는 갓바위 부처와 비슷한 시기에 조성된 약사여래 석불이 있고, 홍주암(紅珠庵)은 김유신과 원효의 수행처로 알려져 있다. 김유신이 홍주암에서 삼국통일을 염원하는 기도를 올릴 때 맞은편 산에서 백마가 큰 소리로 울면서 승천하는 모습을 보고 마침내 삼국을 통일했다는 전설이 있기에 홍주암에서 기도하면 갓바위 부처에게 기도하는 것보다 더욱 영험이 있다고 한다.

낙타봉은 정상의 바위가 낙타의 등을 닮아 낙타봉이라 부르고, 요령봉은 바위가 갈라진 형상이 방울 모양이어서 요령봉(搖鈴峰)이라 부른다. 능천산(綾泉山)은 조선 후기의 학자인 여대익(1681~1742)이 이곳에서 시묘살이를 했는데 지극한 효심에 하늘이 감동하여 시묘살이하는 곳 주변에 샘이 솟아났다고 한다. 여대익은 과거시험을 단념하고 오로지 학문에 전념하며 효행을 생활신조로 삼은 선비였다. 여대익은 경산의 송호서원(松湖書院)에 제향되었고, 저서로는 능천문집(綾泉文集)이 있다.

대암봉 정상은 평평한 평지가 펼쳐지고, 그 아래 옻골에는 경주최씨 종택인 백불고택(百弗古宅)이 있다. 옻골 마을의 경주 최씨 종가는 조선 후기 대구지역 명문가의 모습을 간직하고 있어 찾는 사람이 많다. 경주 최씨는 신라 말 대문장가인 최치원을 시조로 하는 한국의 대표적인 성씨이다. 대암 최동집(1586~1661)은 명나라가 망하자 옻골(漆溪)에 정착하였고, 말년에는 용수동에 농연서당을 짓고 은거하게 된다. 옻골의 경주 최씨 종가에는 최동집의 5대손인 최흥원의 백불고택이 유명하고, 돌담길, 비보림(裨補林), 수령 350년의 회화나무, 강학하던 수구당, 대암봉 가는 길의 생구암(거북바위) 등이 눈길을 끈다. 옻골에 정착한 경주 최씨는 400여 년 동안이나 번성하여 지금은 대구지역의 대표적인 문벌로 성장하였다.

용암산(龍巖山, 382)은 전망이 넓고 안심, 하양으로 통하는 교통·군사 요충지였고 정상 부근에는 삼국시대에 축성된 테뫼식 용암산성이 있다. 임진왜란 당시에는 대구지역 의병과 백성들이 용암산성의 옥천(玉泉)에서 식수를 공급받으며 끝까지 항쟁했다는 기록이 있다. 산성에는 지금도 삼국시대 유물이 발견되고 있으며, 정상에서 바라보는 대구의 야경이 좋아 등산객이 많이 찾는다.

옻골 뒷산인 대암봉(臺巖峰)과 용암산을 거쳐 도착하는 도동의 불로천에는 측백나무 숲이 천연기념물 1호로 지정되어 있다. 서거정은 도동의 측백나무 숲을 대구 10경으로 꼽았다.

古壁蒼杉玉鏁長(고벽창삼옥삭장)　　옛 벽에 푸른 측백 옥창같이 자라고
長風不斷脚時香(장풍부단각시향)　　그 향기 바람 따라 철마다 끊이지 않네
慇懃更着栽培力(은근갱착재배력)　　정성 들여 심고 가꾸기에 힘쓰면
留得淸芬共一鄕(유득청분공일향)　　맑은 향 온 마을에 오래 머무리

—서거정, 北壁香林(북벽향림 - 북벽에 자라는 향나무 숲)

안전하고, 경치가 좋고, 주변의 편의시설이 잘 갖춰진 팔공산 주변길은 멋진 걷기길이다. 팔공산 걷기길 중에서 초례봉, 능천산, 대암봉, 용암산 주변의 산은 접근이 용이하고, 해발고도가 낮아 쉽게 오를 수 있으며, 팔공산보다 전망이 좋다. 잎이 모두 떨어진 초겨울은 전망이 더욱 넓어져 주변 경치를 감상하기에도 제격이다.

1

2

3

4

1. 초례봉
2. 삼국시대 축성된 용암산성 ©박진관
3. 홍주암(紅珠庵)
4. 환성사 대웅전의 수미단

파계사 卍
노태우 생가
발바닥바위
통시바위
卍 북지장사
마루뱅이
하늘다리
내지
부남교
열재
천연염색 박물관
물넘재
방짜유기 박물관
돌, 그리고
백안 삼거리
갈딱재
돼지코
평광지
원모재
대곡지

7장—팔공산 왕건길

# 왕건의 옛길은 숲속에 아련하고

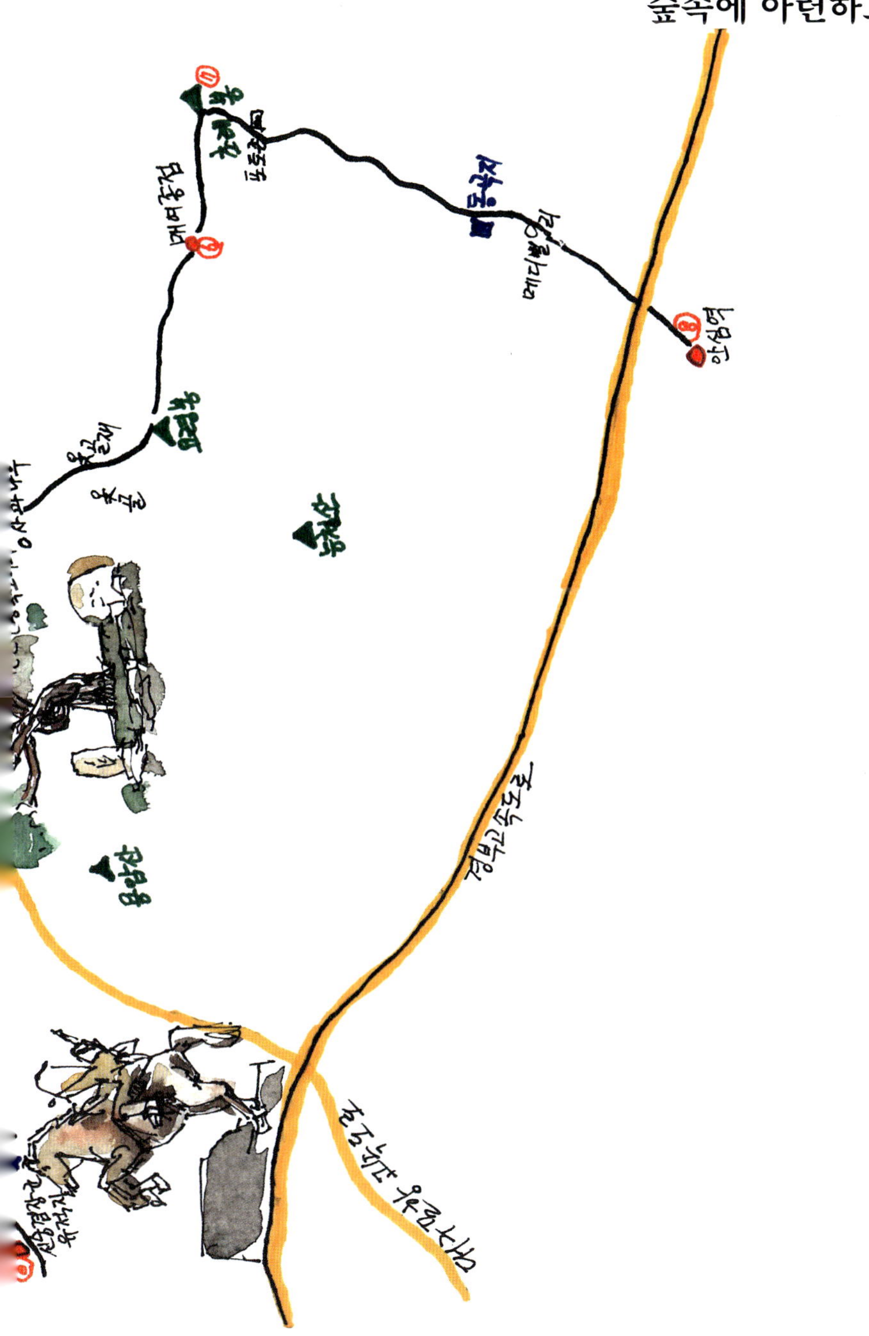

트레킹(Trekking)이란 가파른 코스가 없는 완만한 산과 계곡을 걷는 도보 여행이나 가벼운 등산을 통칭하는 말이다. 일반적으로 트레킹 코스는 남녀노소가 함께 걸을 수 있는 평탄한 걷기길이다. <팔공산 왕건길>은 걷기 열풍이 몰아치던 2010년부터 대구시 동구청에서 조성한 8개 코스 총 35km에 이르는 트레킹 길이다. 고려 태조 왕건과 후백제 견훤이 이 지역에서 격돌한 동수전투(桐藪戰鬪)라는 역사적인 사실에 스토리를 입혀 왕건길을 8개 코스로 나누고각 코스마다 테마길 명칭을 달리 붙였다. 테마길 명칭, 코스별 기점과 종점, 거리, 소요시간, 문화유적 및 명소는 다음과 같다.

| 코스 | 명칭 | 기점과 종점 | 거리 (km) | 시간 (분) | 문화유적 및 명소 |
|---|---|---|---|---|---|
| 1 | 용호상박길 | 신숭겸장군 유적지~열재 | 4.3 | 120 | 신숭겸 유적지, 태조 왕건나무, 왕산, 원모재, 대구자연염색박물관 |
| 2 | 열린하늘길 | 열재~ 부남교 | 4.5 | 120 | 열재의 전설, 거저산, 하늘마루, 팔공산 조망, 대구시 경관 |
| 3 | 묵연체험길 | 부남교~ 물넘재 | 5.4 | 120 | 묵연센터, 통시바위, 발바닥 바위, 동화사, 통일대불, 농연서당 |
| 4 | 문화예술길 | 물넘재~ 백안삼거리 | 3.3 | 90 | 방짜유기박물관, 돌 그리고 공원, 북지장사, 시인의 길, 백안삼거리 음식점 |
| 5 | 고진감래길 | 백안삼거리~평광 종점 | 5.2 | 120 | 효자 강순항 정려각, 평광지, 최치원 영당, 모영재, 도동 측백나무숲 |
| 6 | 호연지기길 | 평광종점~ 매여종점 | 5.0 | 120 | 첨백당, 광복소나무, 홍옥 사과나무, 어지럼바위, 옻골재, 요령봉 |
| 7 | 가팔환초길 | 매여 종점~ 초례봉 | 3.3 | 100 | 경북대 학술림, 삼림욕장길, 바람개비길, 초례봉, 가팔환초 조망 |
| 8 | 구사일생길 | 초례봉~ 동곡지 | 4.0 | 90 | 승방재, 동곡지, 반야월 연근단지, 안심습지, 금호강길, 신서동 혁신도시 |

**1코스 <용호상박길>**

신숭겸 장군유적지~탐방센터~대곡지~원모재~왕건 전망대~열재까지이고, 열재를 넘으면 대구 자연염색박물관과 노태우 대통령 생가가 있다. <용호상박길>은 팔공산 올레길 2코스인 <한실골 가는 길>과 겹친다.

**2코스 <열린하늘길>**

열재~하늘다리~거저산~하늘마루~부남교까지이다. 하늘다리(나무육교)까지는 경사가 완만하지만 거저산 정상까지는 다소 가파른 등산길이다. 거저산 정상에서 조망하는 팔공산 주능선의 모습이 장관이고, 멀리서 바라보는 대구시 전경이 좋다.

**3코스 <묵연체험길>**

부남교~묵연길~통시바위~발바닥바위~물넘재까지이고, 코스 전체는 길이 좁고 꼬불꼬불하다. 지나는 길에 동화사와 통일대불을 볼 수 있다.

**4코스 <문화예술길>**

물넘재~도학교~방짜유기박물관~동화천~백안 삼거리까지이고, 들머리 물넘재에서 경사가 있는 등산길로 시작된다. 동해사를 거쳐 공산초교, 백안삼거리로 진행하면 <방짜유기박물관>, <돌 그리고 공원>, <시인의 길>을 지나는 문화예술 감상길이다. 방짜유기박물관에서 2.5km 오르면 북지장사에 도착하고, 북지장사에서 계속 진행하면 팔공산 주능선인 인봉과 노적봉에 이른다(북지장사에서 인봉까지 0.5km, 노적봉까지 3km). 이 길은 팔공산 올레길 1코스(북지장사 가는 길)와 겹친다.

**5코스 <고진감래길>**

백안삼거리~깔딱재~돼지코~새터마을~평광지~평광종점까지이다. 백안삼거리의 백안모텔 옆길로 진입하여 왕건길 표지를 따라가면 오르막이 계속되고, 돼지코에서 평광지 쪽으로 하산한다. 평광지 주변에는 사과나무가 많이 자란다. 고진감래길은 왕건이 동수전투에서 전세가 급박하여 매여동 쪽으로 도망치던 도피로로 추정된다. 이 코스의 도착지인 평광종점에서 시랑리(失王里)를 지나면 신숭겸 장군을 추모하는 모영재가 있다. 평광종점에는 효자 강순항 나무와 정려각이 있다. <고진감래길>은 팔공산 올레길 4코스(평광동 왕건길)와 겹친다.

**6코스 <호연지기길>**

평광종점~첨백당~옻골재~요령봉~매여종점까지다. 첨백당은 효자 우효정의 효성과 선비 우명식의 절의를 기리기 위해 단양 우씨 문중에서 세운 재실이다. 언덕의 측백나무를 바라본다는 뜻에서 첨백당(瞻栢堂)이라 하였다. 첨백당 앞에는 광복을 기념해서 심은 광복소나무가 있고, 뒤편에는 우리나라 최고령이라는 홍옥 사과나무가 있다. 첨백당에서 산길을 오르면 옻골재에 도착하고, 옻골재에서 환성산 방향으로 가야 한다. 깨진 계란바위, 거북바위를 지나 능천산 방향으로 진행하여 요령봉(492m) 정상에서 매여동 버스 종점으로 내려온다. 깨진 계란바위나 거북바위는 바위의 모습에 따라 붙여진 이름이다.

**7코스 <가팔환초길>**

매여종점~경북대 학술림~초례봉 정상까지이다. 경북대 학술림 옆길을 따라가면 초례봉 가는 길 표지판을 만나게 되고, 경사진 길을 2.3km 올라가면 초례봉 정상에 이른다. 이 코스는 마사토로 이루어진 길이어서 미끄럽다. 초례봉 정상은 전망이 좋아서 금호강의 굽이치는 모습과 경산벌, 고산벌, 멀리 수성벌까지의 전경이 손에 잡힐 듯 조망되고, 용지봉, 성암산, 앞산, 비슬산, 팔공산 주능선들이 파노라마처럼 펼쳐진다.



**8코스 <구사일생길>**

초례봉 정상~포토존~동곡지까지이다. 동수전투에서 패배한 왕건이 이 길을 따라 도망쳐 안심습지나 팔현습지를 건너, 앞산으로 숨어들었기에 구사일생길이라 명명하였다. 구사일생길은 신서동 혁신도시와 반야월 연근단지, 안심습지, 금호강 강변길과 연결되어 있다.

## 팔공산 왕건길에 얽힌 이야기

신라 말기는 왕권 다툼이 심해 왕권은 약화되었고, 왕실에 대한 불만으로 지방 호족들이 발흥하는 시대였다. 장보고가 주축이 된 반란세력에 두려움을 느낀 신라 왕실은 염장을 자객으로 보내 암살시키고 국제무역항이었던 청해진을 폐쇄했다. 신라 왕실은 신라의 무관 출신으로 후백제를 건국한 견훤을 역적으로 간주했다. 견훤은 이와 같은 혼란한 시대 상황에서 자신만을 역적으로 간주하는 신라 왕실에 대해 불만이었다. 927년 견훤은 마침내 힘없는 신라를 정벌하러 2만의 군사를 동원했다. 견훤의 후백제군이 문경, 안동, 영천을 차례로 함락하고, 금성(경주)으로 진군하자 놀란 경애왕은 고려 왕건에게 도움을 요청한다. 하지만 송악(개성)에서 출발한 왕건이 신라에 도착하기 전에 경주는 함락되었고, 견훤은 경애왕을 자결시키고 경순왕을 새로운 왕으로 추대한다.

이러한 소식에 분노한 왕건은 동원한 군대 중에서 정예병 5,000명을 선발하여 신라를 돕기 위해 서둘러 달려왔으나, 왕건의 움직임을 미리 간파한 견훤이 한발 먼저 팔공산 지역으로 이동하여 매복하고 기다렸다. 먼 길에 지친 왕건군은 파군재 근처에서 매복공격을 받아 5,000명의 정예병 중에서 4,970명이 전사하는 대패를 당했다. 동수전투(桐藪戰鬪)에서 왕건이 절체절명의 위기에 처했으나 신숭겸 장군이 왕건의 붉은 투구를 쓰고 후백제군을 교란시켰고, 김락 장군이 대신 화살을 맞아 죽는 악전고투 끝에 왕건은 겨우 목숨을 구한다.

구사일생한 왕건은 도망쳐 전열을 정비하여 견훤과 대결하였지만, 동수전투 이후에도 수차례 패배하였다. 하지만 930년 고창전투(안동 병산전투)에서 안동지방의 호족이었던 삼태사(김선평, 권행, 장정필)의 도움을 받아 후백제군 8,000여 명을 사살하는 전과를 거둔다. 고창전투에서 후백제군을 대파한 왕건은 마침내 경상도, 강원도 지역에서 주도권을 확보하게 되었다. 신라 경순왕은 평소부터 신라에 호의적이던 왕건에게 항복하였고, 얼마 후 견훤의 아들 신검이 왕위를 계승하기 위해 모반을 일으켜 아버지를 금산사에 유폐시킨다. 금산사에서 도망친 견훤은 왕건에게 투항하게 되고, 936년 신검도 왕건에게 항복하여 어수선한 후삼국이 고려로 통일된다.

평산 신씨 시조인 신숭겸 장군은 광해주(춘천) 사람이다. 그의 조상은 원래 전남 곡성에서 살았다. 전남 곡성군 목사동면 구룡리의 덕양서원(德陽書院)에는 지금도 신숭겸을 배향하고 있다. 활을 잘 쏘았고 처음에는 궁예를 도와 송악(개성)에서 후고구려의 장수가 되었다. 그러나 송악은 작제건(作帝建)-왕륭(王隆)-왕건(王建)으로 이어지는 왕건 가문이 주도권을 가진 지역이었기에 궁예는 왕건의 영향을 피해 철원으로 천도하게 되고, 국호도 태봉으로 고쳤다. 궁예가 떠나자 918년에 신숭겸은 몇몇 장군들과 함께 왕건을 왕으로 추대하여 고려를 건국하였고, 927년 팔공산 동수전투에서 왕건을 대신해서 죽었다. 그 후 고창전투의 대승으로 경상도 지역의 주도권을 확보한 왕건은 동수전투가 치러진 팔공산 지역을 다시 방문하여 신숭겸의 시신을 찾아 한국 최고의 명당이라 알려진 강원도 춘천시 서면에 신장절공 묘역을 조성하고 직접 제례를 올렸다.

신숭겸 장군의 머리를 황금으로 만들어 매장했는데, 도굴되는 것을 방지하기 위해 봉분을 3개나 만들었다. 고려 건국의 동업자인 신숭겸이 자신을 대신해서 죽은 대구시 동구 파군재에는 신숭겸, 김락 장군을 추모하기 위해 지묘사(智妙寺)를 세웠다. 전사한 자리에는 표충사(表忠祠), 미리사(美理寺), 순절비 등을 세워 신숭겸, 김락 장군의 혼을 위로하고 명복을 빌었다. 평산 신씨는 조선조 인조반정 후 세력이 크게 신장되었고, 후손으로는 탄금대에서 전사한 신립 장군, 문장가 신흠, 항일 의병장 신돌석, 국회의장 신익희, 시인 신동엽 등이 유명하다.

왕건은 세월이 지나 후삼국을 통일한 후 견훤에게 대패하고 도주했던 경로를 따라 순시하며 어려웠던 옛날을 되돌아보며 많은 일화를 남긴다. 동구, 북구, 남구에 산재해 있는 파군재, 살내, 무태, 독좌암, 왕산, 불로동, 시랑리, 해안, 안심, 반야월, 은적사, 안일사, 임휴사 등 무수한 지명이 왕건의 동수전투와 관련하여 생겨났다.

왕건은 지략도 뛰어났지만, 소통과 타협에 능란한 사람이었다. 무역을 통해 송악, 예성강 지역의 호족으로 성장한 왕건 가문은 타 지역에서는 세력 기반이 약했다. 왕건은 타 지방 호족세력과 연대하기 위해 지방 순시 중에는 그 지방 호족의 딸과 혼인동맹을 맺는다(왕건은 공식적으로 29번이나 정략결혼을 한다). 왕건은 29명의 부인으로부터 34명의 왕자를 얻었는데 이는 인척(姻戚)의 이해를 둘러싼 왕위 다툼의 불씨가 되었다. 실제로 고려 건국 초기에 인척의 이해관계로 왕위계승을 둘러싼 암투가 치열했다. 그러나 후삼국을 통일한 후 왕건은 훈요 10조를 남겨 후대 왕들의 통치 규범을 만들고, 도선의 도참사상을 도입하였다. 할아버지 작제건(作帝建)이 서해 용왕의 딸과 혼인하여 자신이 태어났으므로 모든 왕씨 자손에게는 겨드랑이에 용의 비늘이 남아 있다는 고려 왕조의 신성화 작업을 하였고, 연등회, 팔관회를 국가행사로 만들어 고려 왕실이 불교의 수호자임을 자처했다. 초례봉에도 왕건이 정상에서 승리를 기원하며 제사를 지냈다는 이야기와 이 지역 호족의 딸과 결혼하여 초례를 치렀다(첫날밤을 보냈다)는 이야기가 있다.

팔공산 왕건길의 1코스는 신숭겸 장군 유적지에서 시작되고, 5코스에 있는 모영재(慕影齋)는 신숭겸의 영정을 모신 영각을 추모하는 재실이다. 평광동의 시랑리 혹은 시량리는 왕건의 흔적을 잃어버린 동네라는 실왕리(失王里)에서 비롯되었다. 대구지역에는 천년이 넘는 세월 동안 살아 숨쉬는 왕건과 신숭겸 유적이 많다. <팔공산 왕건길>은 고려 태조 왕건과 신숭겸, 김락 장군에 얽힌 흥미로운 이야기를 다시 생각해 보는 의미 있는 트레킹 코스이다.

1

2

1. 신숭겸의 사당이 있는 표충사 전경 ©박진관
2. 지묘동 신숭겸 유적지에 있는 신숭겸 묘소(뒤편이 왕산이다)

1

2

3

4

1. 초례봉 정상
2. 신숭겸 장군을 모신 모영재 ©박진관
3. 파군재 ©박진관
4. 우효정의 효성과 우명식을 절의를 기리기 위해 세운 첨백당

파계봉
파계사
도덕산
팔공산상천랜드
서촌초삼거리
수태골
부인사
신무동
응해산
비대
정휴장
구암마을
왕산
공산저수지
신숭겸유적
문암산
봉무정
금호강
불로동고분공영
주차장
경부고속도로

8장—팔공산 올레길

# 청산에 취해서 찾을 중 잊었네

<대구 올레길>은 대구시와 대구녹색소비자연대에서 2008년부터 만들고 있는 길이다. 대구 올레길은 모두 12개 코스이지만 아직은 불완전한 걷기길이다. 지금까지 <대구 올레길> 2개 코스, <팔공산 올레길> 8개 코스, <앞산 올레길> 2개 코스 모두 12개 코스의 올레길을 조성했다. 그러나 대구올레길 <금호 숲길>과 <도동 측백수림 가는 길>은 동구청, 수성구청에서 만들고 있는 <금호강변길>과 겹치고, <팔공산 올레길>은 팔공산 주변의 8코스로 이루어져 있는데 동구청에서 만든 <팔공산 왕건길>과 겹친다. 앞산 지역에 조성한 올레길은 <앞산 자락길>, <앞산 환종주길>인데 남구청 혹은 달서구청에서 조성한 걷기길과 서로 겹친다.

팔공산 지역에 만든 <팔공산 올레길> 8개 코스의 정식 명칭은 <대구 팔공산 올레길>이지만 편의상 <팔공산 올레길>로 부른다. 전체를 살펴보면 다음 도표와 같다.

| 코스 | 명칭 | 기점~경로~종점 | 거리(km) | 문화유적 및 명소 |
|---|---|---|---|---|
| 1 | 북지장사 가는길 | 방짜유기박물관~도장마을~북지장사 | 5.0(왕복) | 시인의 길(현대시인 육필 시공원), 방짜유기박물관, 북지장사 |
| 2 | 한실골 가는길 | 신숭겸장군 유적지~용진마을~파계사 | 11.0 | 신숭겸장군 유적지, 한실골, 용진마을, 노태우 생가, 파계사 |
| 3 | 부인사 도보길 | 공산초교~농연서당~부인사~집단시설지구 | 9.8 | 용수동 당산, 농연서당, 신무동 마애불상, 부인사 |
| 4 | 평광동 왕건길 | 강순항정려각~평광지~모영재~첨백당 | 7.5 | 강순항 나무, 모영재, 첨백당, 광복소나무, 홍옥사과나무 |
| 5 | 성재서당 가는길 | 구암마을~내동마을~성재서당~미대동 | 7.5 | 구암마을, 미타사, 안정수, 성재서당, 추원재 |
| 6 | 단산지 가는길 | 불로동고분군~단산지~만보산책로~봉무정 | 7.5 | 불로동고분군, 봉무동고분군, 단산지, 일제 동굴진지, 봉무토성 |
| 7 | 폭포골 가는길 | 집단시설지구 분수대~탑골등산로~동화사~폭포골~봉황문 | 6.8 | 상상골, 염불암, 부도암, 동화사, 통일대불, 폭포골 귀곡산장, 봉황문, 마애불상 |
| 8 | 수태지 계곡길 | 집단시설지구~수태지~부인사~집단시설지구 | 7.1 | 수태지, 부인사, 이말재, 씨네80, 대구교육연수원 |

위의 표에서 보는 것처럼 <팔공산 올레길>은 서로 연결된 길이 아니라 개별적으로 만들어진 길이다. 녹색소비자연대는 앞으로 8개 코스를 모두 연결한다는 계획이지만, 워낙 띄엄띄엄 만들어져 있어서 모든 구간을 연결하는 것은 쉽지 않을 것 같다.



## 코스별 경로와 얽힌 이야기

### 1코스 <북지장사 가는 길>

시인의 길~방짜유기박물관~도장마을~북지장사를 왕복하는 코스이다. 시인의 길은 한국 현대 시인의 육필 시를 돌에 새긴 공원이고, 주변의 남근석도 볼만하다. 방짜유기박물관의 관람은 무료이고 도장마을은 범죄 없는 마을로 알려져 있다. 도장마을을 지나면 인상적인 1.3km의 솔숲길이 이어진다. 북지장사는 팔공산 최고의 명당으로 알려져 있고, 창건 당시에는 동화사를 말사로 거느린 큰절이었다. 북지장사에서 0.5km를 오르면 팔공산 종주길인 인봉에 도달하고, 3km를 더 오르면 노적봉에 이른다.

### 2코스 <한실골 가는 길>

신숭겸장군 유적지~한실골~만디쉼터~열재~용진마을(노태우 생가)~파계사 코스이다. 동구청에서 조성한 <팔공산 왕건길>과 많은 부분이 겹친다. 신숭겸 장군이 죽은 자리에는 표충단이 세워져 있고, 용진마을에서는 자연염색박물관과 노태우 생가를 볼 수 있다. 천년고찰 파계사는 백일기도로 태어났다는 영조의 출생 설화가 전해져 내려온다. 1979년 원통전 관음보살 개금불사 때 영조의 어의(御衣)가 발견되어 사실로 확인되었다. 파계사(把溪寺)는 계곡물을 따라 흘러가는 지기(地氣)를 막기 위해 세워진 사찰이고, 파계사만으로는 흘러가는 지기를 막을 수 없어서 계곡 입구에 다시 진동루(鎭洞樓)를 세워 기를 제압하고 있다.

**3코스 <부인사 도보길>**

공산초교~미곡마을~용수골~용수동 노인회관~농연서당~신무동 마애불~부인사~팔공파크호텔~동화사집단시설지구 코스이다. 용수동 당산은 정월 보름에 주민들이 무사안녕을 기원하며 당굿을 하던 곳인데 원형이 잘 보존되어 민속학자들이 자주 찾는다. 농연서당은 명나라가 망하자 벼슬에서 물러나 말년에 은거한 대암 최동집이 강학하던 곳이다. 입향조 최동집은 둔산동 옻골 마을 백불암 최흥원의 5대조이다.

신무동 마애불좌상은 고려시대에 조성되었는데 작지만 아름답다. 수십 년 전만 해도 포도밭 앞에 방치되어 있었으나 지금은 태고종 구룡사에서 관리하고 있다. 부인사는 선덕여왕의 원찰이었기에 선덕여왕을 짝사랑하다가 죽어서 불귀신이 된 지귀(志鬼)가 대웅전 문에 귀신 문양으로 새겨져 있다. 부인사에는 1232년 몽고군의 2차 침략으로 소실된 초조대장경이 보관되어 있었다. 초조대장경은 해인사 팔만대장경보다 200년이나 앞서 만들어진 귀중한 문화유산이었다. 또한 부인사는 스님들의 물물거래 시장인 승시(僧市)가 개최된 곳이어서 매년 10월이면 팔공산 승시가 열린다. <부인사 도보길>은 8코스 <수태지 계곡길>과 연결되어 있다.

**4코스 <평광동 왕건길>**

효자 강순항 정려각~(구)평광분교~평광지~시온성 기도원~모영재~평광지~재바우 농원~첨백당~평광종점 코스이다. 동수전투에서 패배한 왕건이 도주했던 길이고, 팔공산 왕건길 5코스 <고진감래길>, 6코스 <호연지기길>과 겹친다. 출발지에는 50년간이나 병상의 아버지를 봉양한 효자 강순항을 기리기 위해 강순항 나무(왕버들)와 정려각이 있다. 첨백당은 단양 우씨 재실이고 첨백당 앞에는 광복소나무가 있다. 모영재(慕影齋)는 신숭겸 장군의 영정을 모신 재실이다.

**5코스 <성재서당 가는 길>(구암마을 가는길)**

구암마을 입구~동화천~미타사~내동보호수(안정자)~삼마산~성재서당~추원재~미대동 입구 코스이다. 원래 <구암마을 가는 길>로 조성되었으나 최근 <성재서당 가는 길>로 명칭이 변경되었다. 구암마을은 거북바위가 있어서 붙여진 이름이다. 내동마을은 450년 전부터 순흥 안씨 일족이 세거한 마을이다. 마을에는 안향이 아끼고 사랑한 수령 500년의 정자목이 있는데 안정자라 부른다. 성재서당은 인조 때 선비 채명보 선생이 강학하던 서당이다.

**6코스 <단산지 가는 길>**

불로동 고분군~봉무동 고분군~영신초·중·고~단산지 둘레길~봉무동 일제 동굴진지~봉무정(강동 새마을회관)~봉무토성(독좌암) 코스이다. 5세기경인 삼국시대에 만들어진 불로동, 봉무동 고분군은 당시 이 지역에 상당한 세력을 가진 부족이 있었다는 사실을 보여준다. 단산지는 못 주변의 흙이 붉은색이어서 붙여진 이름인데 둘레길(3.5km)은 주민들의 산책로로 인기가 높다. 봉무동으로 가는 길에는 일제강점기에 주민을 동원하여 만든 일제동굴진지 흔적이 10여 곳 있다. 그 외에도 봉무정 주변의 봉무토성과 독좌암도 있다.

**7코스 <폭포골 가는 길>**

동화사 집단시설지구 분수대~탑골 등산로~깔딱고개~상상골~염불암 삼거리~부도암~동화사~통일대불~폭포골 왕복~봉황문(동화사 일주문, 앞에는 마애불상이 있다) 코스이다. 동화사는 극달 화상이 유가사로 창건하였으나 832년 심지왕사가 중건할 때 주변에 오동나무 꽃이 만발하여 동화사라 개명했다. 봉황은 대나무 열매를 먹고 오동나무에만 앉는다고 한다. 동화사에는 봉황과 관련된 명칭(봉서루, 봉황문, 봉황의 알 등)이 많다. 봉황문은 동화사 일주문인데, 일주문 앞의 바위에는 생동감이 넘치는 통일신라시대 마애불상이 있다. 8코스 <수태지 계곡길>과 연결이 가능하다. 서거정은 동화심승(桐華尋僧)을 대구 10경의 하나로 꼽았다.

遠上招提石逕層(원상초제석경층)　멀리 절로 가는 좁은 돌계단 길
青藤白襪又烏藤(청등백말우오등)　푸른 등나무 하얀 버선 검은 지팡이
此時有興無人識(차시유흥무인식)　이 흥을 누가 알랴 남들은 모를 것이요
興在青山不在僧(흥재청산부재승)　청산에 취해서 찾을 중 잊었네

—서거정, 桐華尋僧(동화심승-동화사의 중을 찾음)

**8코스 <수태지 계곡길>**

동화사집단시설지구~팔공산 순환도로~수태지~수태골 계곡~부인사 등산로~이말재~부인사~팔공산 순환도로~동화사 집단시설지구까지인데 출발지로 회귀하는 코스이다. 수태골의 아름다운 경치와 부인사를 돌아보는 길이고, 3코스 <부인사 도보길>, 7코스 <폭포골 가는 길>과 연결되어 있다.

팔공산은 대구를 대표하는 명산이다. 산세가 웅장하며 주변 경치가 좋고, 대구지역의 역사를 온전하게 간직한 산이기에 시민뿐만 아니라 전

국에서 관광객이 몰린다. 팔공산 주변에 두 개의 걷기길, 총 16개 코스의 트레킹 길이 생겨났다. 동구청에서 의욕적으로 조성한 <팔공산 왕건길> 8코스와 대구시에서 만든 <팔공산 올레길> 8코스가 그것이다. 갑자기 16개 코스의 걷기길이 생겼으니 반갑기는 하지만 다소 복잡하기도 하다.

소나무는 밀식된 곳에서는 잘 자라지 못한다. 서로 경쟁하다가 한 그루도 멋진 소나무로 자라지 못하고 고사하고 만다. 걷기길 조성도 소나무를 키우는 것과 같다. 지자체는 경쟁적으로 걷기길을 조성할 것이 아니라 하나라도 경쟁력 있는 명품 걷기길을 만들기 위해 <팔공산 왕건길>과 <팔공산 올레길>을 통합하여 대구를 대표하는 걷기길로 만들어야 한다. 새롭게 만들어지는 팔공산 걷기길은 팔공산 왕건길, 팔공산 올레길, 팔공산 종주길(가팔환초길), 도덕산~함지산 종주길, 도덕산~응해산~연경서원길, 화담둘레길 등을 포함하는 팔공산을 대표하는 걷기길이 되어야 할 것이다.

1

2

3

4

1. 북지장사 ©박진관
2. 신무동 마애불 좌상
3. 봉무동 일제 동굴진지
4. 불로동 고분군 ©박진관

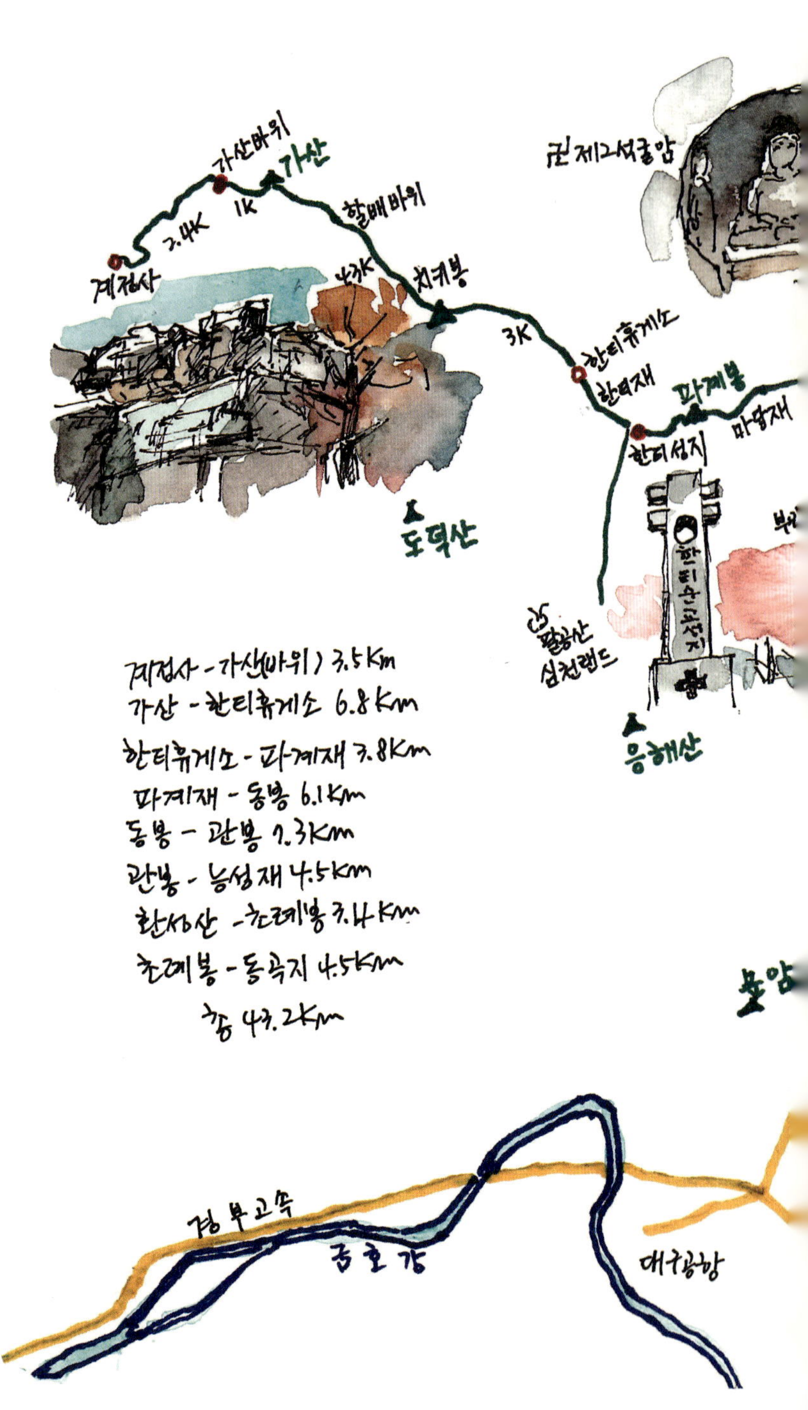

가산바위
가산
2.4K
1K
계정사
할배바위
4.3K
치키봉
3K
한티휴게소
한티재
파계봉
마당재
한티성지
도덕산
군위 제2석굴암
한티순교성지
응해산
계정사 - 가산(바위) 3.5Km
가산 - 한티휴게소 6.8Km
한티휴게소 - 파계재 3.8Km
파계재 - 동봉 6.1Km
동봉 - 관봉 7.3Km
관봉 - 능성재 4.5Km
환성산 - 초례봉 3.4Km
초례봉 - 동곡지 4.5Km
총 43.2Km
경부고속
금호강
대구공항

# 팔공산이 천 길 높게 가파르게 솟아

종주(縱走)란 산봉우리를 오르내리며 능선길을 따라 걷는 것을 말하는데 640km에 이르는 백두대간이 대표적인 종주길이다. 종주길 걷기는 산의 등줄기를 따라 긴 거리를 걷기 때문에 꼼꼼하게 계획을 세워 떠나야 한다. 전국적으로 많은 종주길이 있지만, 명칭이나 거리, 구간 등이 혼란스러워 산꾼들은 아예 출발지, 경로, 도착지의 높은 산을 이어서 0000종주길이라 부른다. 예를 들어 팔공산 종주의 경우, 출발지와 도착지가 분명하지 않고 중간에 진입로와 탈출로가 많아 어디에서 어디까지 걸었는지 가늠하기가 어렵다. 그래서 팔공산 종주길이란 막연한 말 대신에 <가팔환초 종주길>이라 말한다.

가팔환초 종주길이란 가산, 팔공산, 환성산, 초례산(봉)을 잇는 팔공산의 완전한 종주길이고, <팔공산 환종주길>과 함께 대표적인 팔공산 종주길로 꼽힌다. 주능선(가산~비로봉~관봉) 종주길은 30km 미만이지만, 가팔환초 종주길은 가산~팔공산~환성산~초례봉을 잇는 종주길로서 도상거리 43km 정도이다. 일반인들의 등산 속도는 시속 2~3km이니 43km의 가팔환초 종주길을 걷는데 20시간 정도 소요된다. 가팔환초 종주는 팔공산(비로봉)을 기준으로 동·서로 나누어 2회에 걸쳐 종주계획을 세우는 것이 바람직하다.

가팔환초 종주길의 전체 경로는 동명면 학명리 다비암(계정사)~가산~가산바위~치키봉~부계봉~한티재~파계재~마당재~톱날능선~삼성봉(서봉)~주봉(비로봉)~동봉~병풍바위~도마재~느패재~노적봉~관봉~능성재~환성산(감투봉)~새미기재~낙타봉~초례봉~동곡지(신서지, 새론중)이다

## 팔공산에 얽힌 이야기

영남지역을 둘러본 문필가라면 누구나 한번은 팔공산의 빼어난 경치를 읊었을 것이다. 최초의 한문소설인 금오신화(金鰲新話)를 쓴 매월당 김시습(1435~1493)은 '팔공산을 바라보며(望公山)'라는 시에서 다음과 같이 팔공산을 노래했다.

| | |
|---|---|
| 公山峭峻聳崢嶸(공산초준용쟁영) | 험준한 팔공산이 우뚝 솟아서 |
| 碍却東南幾日程(애각동남기일정) | 동남으로 막혔으니 몇 날을 가야할꼬 |
| 多少風光吟不得(다소풍광음부득) | 이 많은 풍경을 다 읊을 수 없는 것은 |
| 只緣憔悴病中生(지연초췌병중생) | 초췌하게 병들어 살아가기 때문일세 |

—김시습, 望公山(망공산-팔공산을 바라보며)

매월당의 노래처럼 팔공산의 경치는 워낙 빼어나 몇 마디 말로 형용하기는 어렵다. 서쪽 정상인 가산에 오르면 금오산, 가야산, 칠곡의 주택단지가 조망되고, 팔공산 정상에 서면 대구시 전경이 파노라마처럼 펼쳐지며, 갓바위(관봉)에서는 영천시와 경산시를 조망할 수 있다. 동쪽의 환성산과 초례봉에서는 대구시와 경산시 전경뿐만 아니라 대구의 북쪽과 남쪽으로 펼쳐진 모든 산을 조망할 수 있다.

서쪽 정상인 칠곡군에 있는 가산산성은 임진왜란과 병자호란을 겪고 난 후 군사용으로 축조된 석성이다. 부산의 동래성(東萊城)에서 문경새재로 가는 중간 통로에 있는 가산산성은 영남제일관이나 진남문의 존재로 알 수 있듯이 주로 영남지방 혹은 남쪽지방으로 침략하는 왜구를 방비하는 목적으로 축성되었다. 산성의 서북쪽에 있는 가산바위(架巖)는 전망이 넓어 칠곡의 전경이나 도덕산, 다부동 등을 훤히 조망할 수 있다.

다부동과 칠곡의 유학산은 한국전쟁 당시 낙동강 방어선이었는데 이곳을 방어했기에 비로소 북진의 전기를 마련할 수 있었다. 시인 조지훈은 '일찍이 한 하늘 아래 목숨 받아 움직이던 생령들이 이제 싸늘한 가을바람에 오히려 간고등어 냄새로 썩고 있는 다부원'이라며 다부동 전투를 증언하고 있다.

한티재(큰 재) 휴게소 아래 칠곡군 동명면 득명리의 한티성지는 칠곡군 지천면 연화리의 신나무골과 함께 대구지방 천주교 선교의 시발지(始發地)이다. 김보록(로베르) 신부가 신나무골에 설립한 대구본당(주교좌성당)은 계산성당으로 옮겨졌다가 지금은 범어성당으로 옮겼다. 한티마을은 1868년 병인박해로 수 십 명이 순교한 곳인데 1960년대 말 박병원 신부, 이문희 대주교, 경북대 김달호 교수가 도보 순례하면서 널리 알려지게 되었다. 1980년대 천주교 전래 200주년 행사로 한티성지를 개발하기 시작하였고 지금은 한티성지가 천주교도들의 순례지가 되었다. 한티성지에는 십자가의 길(10처)이 <묵상의 길>로 조성되어 있고, 피정의 집, 영성관 등이 있어 천주교 신자들의 순례가 끊이지 않고 있다.

한티재를 넘어 북쪽의 군위군 부계면에는 군위 삼존석굴(제2석굴암)이 있다. 군위 삼존석불은 7세기에 축조되었으니 경주 석굴암보다 백년이나 앞선다. 인도의 아잔타 석굴에서 비롯된 불상 조성은 중국 돈황의 막고굴, 대동의 운강석굴, 낙양의 용문석굴로 이어져 마침내 군위 삼존석굴이 만들어지고, 다시 경주 토함산 석굴암으로 발전하여 불교문화의 꽃을 피웠다. 삼존석굴 아래쪽의 한밤 마을(대율리)은 부림 홍씨(한밤 홍씨)가 천년 이상 모여서 사는 마을이다. 한밤 성안의 소나무가 멋있고, 마을 안에 있는 대율사의 석불입상이나 진동단(鎭洞壇)이 인상적이다.

부인사는 선덕여왕의 원찰로서 지금도 음력 3월이면 선덕제를 봉행하고 있다. 부인사에는 고려 초조대장경이 보관되어 있었는데 몽고의 2차 침입시 불타버렸다. 부인사에서 유일하게 스님들의 물물교환 시장인 승시(僧市)가 열렸기에 지금도 매년 10월이면 팔공산 승시를 개최하고 있다. 대웅전에는 선덕여왕을 짝사랑하다가 죽어 불귀신이 된 지귀(志鬼) 이야기와 관련된 여러 가지 귀면문양(鬼面文様)이 있다.

동화사는 493년 극달화상이 창건하여 유가사라 했으나 832년 심지왕사가 중창하면서 동화사라 개명했다. 사지(寺誌)에 따르면 신라말 흥덕왕의 아들인 심지왕사가 속리산 법주사의 영심대사에게 불골간자(佛骨簡子)를 받아와 동화사를 중창하였다. 영심대사는 진표율사에게 불골간자를 받았으니 김제 금산사, 보은 법주사, 팔공산 동화사는 창건의 역사가 비슷하다. 동화사는 창건 당시에 백제계 불교인 법상종 사찰로서 진표율종을 비호하던 후백제 견훤의 세력권이라 볼 수 있다. 동수전투에서 왕건이 철저하게 패배한 이유가 여러 가지 있지만, 당시에 동화사 지역이 후백제 견훤을 지원하던 법상종 사찰이었다는 것도 하나의 요인이었다.

동화사의 일주문인 봉황루 앞에는 마애불좌상이 아름답고, 인악대사비, 동화사 사적비, 당간지주, 봉서루 영남치영아문(嶺南緇營牙門, 임진왜란 당시 영남 승병 총본부), 대웅전, 통일대불 등이 유명하다. 서거정은 대구 10영에서 다음과 같이 팔공산을 노래한다.

| | |
|---|---|
| 公山千丈倚峻層(공산천장의준층) | 팔공산이 천 길 높게 가파르게 솟아 |
| 積雪漫空沆瀣澄(적설만공항해징) | 쌓인 눈 하늘 가득 이슬 되어 맑다 |
| 知有神祠靈應在(지유신사영응재) | 사당에 모시니 산신령이 감응하여 |
| 年年三白瑞豊登(연년삼백서풍등) | 해마다 서설 내려 풍년을 점지하네 |

—서거정, 公嶺積雪(공영적설-팔공산에 쌓인 눈)

2012년 한 탈북자가 한국전쟁 당시에 참전했던 자신의 양아버지가 금괴 40kg을 동화사 대웅전 아래에 묻었다고 주장하여 세상의 이목이 집중되었다. 논란이 일자 금속 탐지기를 이용해 대웅전 지하를 탐사한 결과 금속 덩어리가 묻혀있다는 사실은 확인했지만, 문화재청의 반대로 발굴되지 않았다. 그 사건 후에 금괴가 묻힌 동화사 대웅전에는 사업번창을 발원하며 찾는 사람이 많아졌다는 후문이다.

팔공산은 약사신앙의 총본산이다. 중생을 질병의 고통에서 구제한다는 약사여래는 약합이나 약병을 들고 있는데, 대표적인 불상이 관봉석조여래좌상(갓바위 부처)이다. 갓바위 부처는 남쪽을 향해 앉아있기에 부산, 울산 지역 사람들에게 특히 영험이 있다고 알려져 있다. 동화사와 은해사가 갓바위 부처 관리권을 주장하며 오랫동안 갈등하였는데 지금은 조계종 총무원 직할 사찰로 선본사(禪本寺)에서 관리하고 있다. 하양 무학산 불굴사에도 갓바위 부처와 비슷한 시기에 조성된 석조약사여래불이 있다.

그 외에도 팔공산에는 송림사, 파계사, 염불암, 북지장사, 영천 은해사, 수도사, 백흥암, 운부암, 기기암, 거조암, 오도암, 원효암, 진불암, 중암암 등의 천년고찰이 즐비하고 역사적인 사실과 이야기가 넘쳐난다. 가팔환초를 종주할 때 눈앞에 펼쳐지는 수승한 경치를 즐기며 팔공산에 얽힌 흥미로운 이야기를 떠올린다면 걷는 걸음이 피곤하지 않을 것이다.

1

2

1. 팔공산 설경 ©박진관
2. 팔공산 갓바위

1

2

3

4

1. 군위 삼존석굴 ©박진관
2. 가산바위에서 바라본 가산산성
3. 동화사 봉황문의 통일신라시대 마애불
4. 부인사 ©박진관

대구은행 연수원
아시아복지 팔공타운
도덕산
연꽃마을
동명지
송림사
도덕암
도덕지
응해산
도남지
칠곡주택단지
연경지
왕산

# 선비들의
# 경전 읽는 소리가
# 낭랑하고

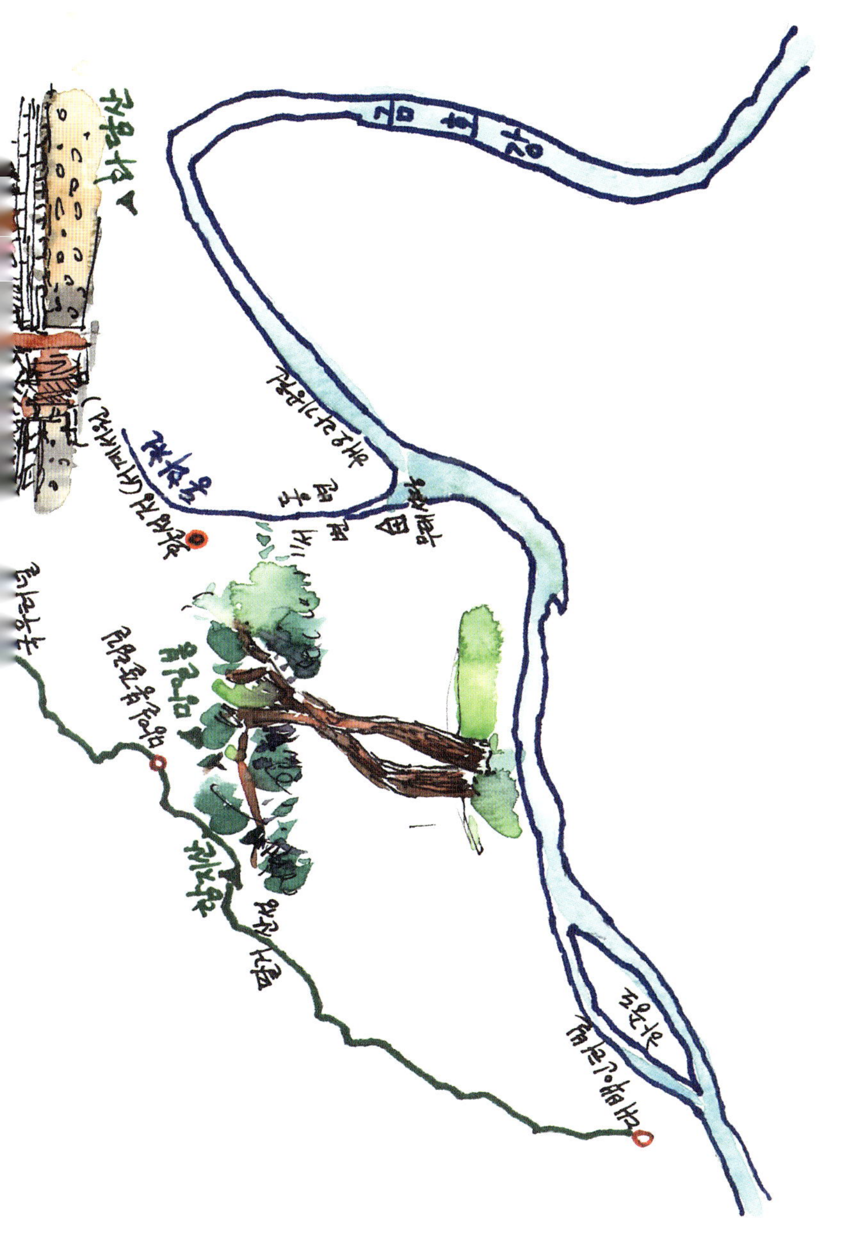

927년 후백제의 견훤이 신라를 침공하자 급박해진 신라는 왕건에게 구원을 요청했다. 왕건은 5,000명의 정예병으로 급히 달려 오지만 파군재 근처에서 거의 전멸하고, 대구지역에 수많은 왕건 유적지를 남긴다(동수전투). 왕건의 군사가 처음으로 팔공산 지역으로 들어와 숙영한 곳을 대왕재(기성 삼거리 근처)라 부른다. 팔공산 주능선에서 대구시 동구 공산동과 칠곡군 동명면 기성리 사이에 있는 대왕재를 따라 흐르는 지묘천을 건너면 바로 도덕산 경계에 이른다. 폭이 좁지만 지묘천이라는 물을 건너니 산경표상으로 도덕산(660m)은 팔공산과는 다른 산줄기가 된다.

도덕산 종주길은 대구은행 연수원 뒤쪽으로 올라 도덕산 정상을 조망하고 완만한 산굽이를 따라 국우터널, 함지산, 팔거산성으로 이어져 팔달교 근처의 대백 인터빌 아파트에서 끝난다. 그러나 산꾼들은 대중교통이 더욱 편리한 팔달교 근처의 대백 인터빌 아파트를 출발하여 함지산, 국우터널을 지나 도덕암으로 내려오는 종주길을 더욱 선호한다.

도덕산 종주길은 북구청에서 조성하고 있는 <북구 순환 테마길(8개코스, 총 103.6km)>과 일부구간 겹치기도 하지만 산악 자전거나 산악 오토바이 동호인들과 북구 구민들이 즐겨 찾는 트레킹 길이다. 특히 국우터널에서 313봉 구간에는 산악 오토바이 동호인들이 많이 다녀 산길이 움푹 패인 곳이 많다. 도덕산 종주길은 도덕산을 제외하면 해발 300m 정도의 완만하고 편안한 길이지만 전 구간에서 칠곡의 도남동, 국우동이나 남쪽의 연경동, 동변동, 서변동 등을 조망할 수 있다.

팔거산성(八莒山城)이 있는 함지산 전망대는 경치가 좋아 칠곡 택지지구의 전경이 발아래 펼쳐진다. 종주길 전체는 팔달교~대백인터빌 아파트~팔거산성~함지산~조야재~망일봉~국우터널~313봉~도덕산~도덕암~송림사(혹은 대구은행 연수원)이고 총 20km, 7시간 정도의 걷기길이다.

칠곡 경북대 병원역에서 출발하는 응용 코스는 도덕산 정상에서 안도덕 마을, 바깥도덕 마을의 산능선을 따라 응해산(518), 왕산(191), 지묘동으로 내려오는 14km인데, 팔공산 전체를 조망할 수 있어 산꾼들이 많이 찾는다.

## 도덕산 종주길에 얽힌 이야기

산경표에 따르면 <산은 물을 건너지 못하고, 물은 산을 넘지 못한다>고 한다. 산은 물을 가르는 물 가름이 되고(山自分水嶺), 물은 산을 나누는 산 가름이 된다고 했으니 팔공산 전체를 조망하려면 산줄기와 물길을 함께 살피는 것이 현명하다. 팔공산은 대구시 동구, 북구, 칠곡군, 군위군, 영천시, 경산시에 걸친 거대한 산군이고, 산경표상으로 살피면 동쪽의 신녕천(新寧川), 서쪽의 팔거천(八莒川)과 한천(漢川), 남쪽의 금호강(琴湖江), 북쪽의 위천(渭川)에 둘러싸인 지역이다.

팔공산을 큰 덩어리로 살피면 주능선군(가산~비로봉~갓바위), 환성산군, 도덕산군으로 나눌 수도 있다. 낙동정맥에서 분기한 팔공지맥이 영천의 보현산~화산~갑령재를 넘어 잦이고개에서 팔공산이 시작된다. 주능선군은 잦이고개에서 최고봉인 비로봉을 기준으로 동쪽으로는 갓바위(관봉)까지, 서쪽으로는 가산까지 펼쳐진다. 환성산군(대구시 동구, 경산시 하양읍 지역)은 능성재에서 동남쪽으로 솟구쳐 환성산~갈미재~비리재~기산~파군재~학봉(가람산)~화담까지의 산줄기와 무학산, 초례봉, 용암산, 도동, 봉무동, 불로동, 동변동, 하양읍 등에 있는 산군을 포함한다. 도덕산군(대구시 북구, 칠곡군 동명면 지역)은 칠곡군 동명면 기성리 대구은행 연수원 앞의 대왕재에서 다시 솟아오른 도덕산을 기점으로 국우터널~함지산~팔달교까지의 산줄기와 연경동, 서변동, 도남동, 칠곡 택지지구, 동명면 등에 있는 산군을 포함한다.

팔공산군의 남쪽 사면으로 흘러내린 응해산, 거저산, 왕산 등은 물줄기가 없으므로 팔공산 주능선 줄기에 속한다. 환성산군과 도덕산군을 가르는 것은 동화천과 지묘천이다. 동화천은 동구 도학동에서 발원하여 백안동에서 능성천과 합류하고, 지묘동에서 지묘천과 합류한 후 동변동과 서변동을 가르며 금호강에 유입된다. 지묘천은 동구 중대동 파계사에서 발원하여 남쪽으로 흘러 지묘동에서 동화천과 합류한다.

함지산(函芝山, 288m)은 함지를 엎어 놓은 것 같아서 방티산이라 불렀는데 한자어로 바뀌면서 함지산이 되었다. 함지산은 동쪽으로 전망이 좋아 정월 대보름에 달맞이 행사로 유명하다. 북구청에서는 신년이면 망일봉에서 해맞이 행사도 한다. 함지산 전망대는 높지 않지만, 대구시가지, 칠곡 택지지구, 금호강의 수려한 경치를 조망할 수 있다. 평평한 정상은 시야가 넓고 군사적인 활용 가치가 높아 삼국시대부터 테뫼식 팔거산성(八莒山城 혹은 獨母城)이 있었고, 조선시대에 가산산성이 축성되기 이전에는 대구지역의 군사적인 요충지였다.

함지산 주변에는 삼국시대의 고분인 구암동 고분군 유적이 있어서 세월의 무상함을, 망일봉에는 소나무 연리지(連理枝)가 있어 부부의 사랑이 더욱 굳건해지는 것을 느낄 수 있다. 함지산에서 망일봉 가는 길에는 조야재가 있는데, 옛날 도남동이나 국우동의 주민들이 조야동, 노곡동으로 넘던 길이다. 조야재는 접근이 쉬워 사시사철 사람들이 끊이지 않아 마치 시내 중심가처럼 붐빈다.

연경동(研經洞)은 왕건의 군사가 지날 때 선비들의 경전 읽는 소리가 낭랑하게 들려 조심해서 지나갔다는 이야기에서 생겨난 지명이고, 도덕산은 연경동에 글 읽은 도덕군자들이 많이 살아서 붙여진 이름이다.

도덕군자들이 많이 살아가는 연경동에는 달성의 도동서원보다 3년 전에 창건된 대구 최초의 서원인 연경서원이 있었다. 퇴계의 제자인 매암 이숙량(1519~1592)과 전경창이 연경서원의 창건을 주도했다. 하지만 대구 유림(儒林)의 정신적인 뿌리라 할 수 있는 연경서원은 대원군의 서원철폐령에 의해 훼철되었고 아직 복원하지 못하고 있다. 대구에 산재되어 있는, 문중이 운영하는 서원은 모두 복원되었지만 대구유림의 성지이자 수서원(首書院)인 연경서원의 복원은 아직 요원하기만 하다. 옛 문헌에 의거해 들연경 마을과 서원연경 마을 사이의 화암(畵巖) 근처 연경서원이 있었던 곳에 서원부지를 겨우 확보한 상태이다. 그 외에도 연경동에는 두 그루의 느티나무가 우람하게 서 있고 서쪽의 명당에는 광해군의 태를 묻은 태봉이 있다. 연경동의 제법 긴 골짜기를 따라 도덕산에서 흘러내린 맑은 물이 모이는 도덕지(道德池)와 연경지(硏經池)가 있다.

동화천 서쪽의 망일봉 아래 위치한 서변동은 인천 이씨의 집성촌이다. 연산군의 폭정을 피해 대구에 정착한 인천 이씨는 지금도 무태, 서변동, 연경동 등지에 집성촌을 이루며 살고 있다. 서변동에 있는 환성정(喚惺亭)과 서계서원(西溪書院)은 임진왜란 때 대구지역의 의병장이었던 태암 이주(苔巖 李輈, 1556~1604)의 충절을 기리기 위해 건립되었다. 이주는 낙재 서사원, 모당 손처눌, 곽재겸, 전응창, 이종문 등과 임진왜란 당시 의병 활동을 하던 대구 유림의 2세대이다.

칠곡은 일곱 개의 골짜기로 이루어져 있어서 칠곡이라 했다는 설과 옻골이 있어서 칠곡(漆谷)이라 했다는 유래가 있다. 북구 옻골 마을은 동구 둔산동의 옻골 마을과 옻골이라는 지명을 두고 서로 다투고 있다.

국우동은 아홉 개의 마을이 있어서 구우리가 국우동으로 바뀌었고, 도남동은 도덕산 남쪽에 위치한 마을이어서 도남동(道南洞)이라 부르는

데 원래는 인천 이씨 집성촌이었다. 유적으로는 도남지 옆에 유화당(有華堂)과 남호정사(南湖精舍)가 있다. 동화천변과 동변동은 능성 구씨의 집성촌인데 송계당, 화수정, 표절사 등의 유적이 있다. 송계당(松溪堂)은 고려 말 두문동 72현 중의 한 분인 송은(松隱) 구홍과 그의 후손 계암(溪巖) 구회신의 충절을 기린 재실이다.

도덕산 정상 아래 위치한 도덕암은 신라 눌지왕 대에 창건되었다지만 정확하지 않고, 고려 광종 19년(960)에 혜거국사가 칠성암(七星庵)을 중수했다는 사적이 있는 것으로 보아 천년이 훨씬 넘는 고찰이다. 나한 기도처로 알려진 도덕암에 주석하던 혜거국사를 왕사로 추대하려고 몇 번이나 청했지만, 산문을 나오지 않아 고려 광종이 직접 도덕암을 찾기도 했다. 광종이 도덕암 대웅전 뒤편의 어정수(御井水)를 마시고 속병이 나았다는 기록이 있다. 어정수는 천년이 지난 지금도 잘 관리되고 있다. 도덕암에는 수령 800년의 모과나무가 있는데 천연기념물로 지정받기 위해 노력하고 있다. 조선말에 그려진 몽계당 선의대사(夢溪堂 善誼大師)의 진영도 보관되어 있다.

도덕암에서는 발아래에 펼쳐진 송림사와 동명저수지의 일몰 풍경이 특히 아름답다. <도덕산 종주길>을 걸을 때 도덕암 어정수를 한 모금 마시고, 멀리 서쪽으로 해가 넘어가는 풍경을 감상하면 걷기로 쌓인 피로가 말끔히 가실 것이다.

1

2

1. 함지산 전망대에서 바라본 칠곡 주택단지
2. 구암동 고분군 ©박진관

1

2

3

4

1. 태암 이주의 충절을 기리는 환성정과 서계서원
2. 도덕암 법당과 모과나무. 법당 뒤에 어정수가 있다.
3. 동화천 ©박진관
4. 함지산에서 바라본 전경

명봉산
대봉산
서리못
말산
구암중삼거리
태전역
이매
관문동
태복산
사북산
내곡지
금호택지
배봉
수리봉
팔달역
그린빌라
하중도
잠산
금
호
강

# 침산 푸른 숲에는 가을빛이 어리었네

북구에 있는 5개의 산인 함지산, 명봉산, 도덕산, 가람산, 잠산 지역에 테마가 있는 순환형 숲길이 만들어지면 북구는 그야말로 트레킹 천국이 된다. 이 길이 완성되면 매천동과 팔달동을 잇는 <금동허리띠길>, <팔거산성 만보길>, <연리지 복바위길>, <장수 둘레길>, <호연지기길>, 금호강과 신천의 강변 산책로와 연결된 <신천 거북바위길>, <삼강삼지길> 등이 모두 연결되어 시민들이 즐겨 찾는 걷기길이 될 것이다. 또한 <북구 순환테마길>은 화담 지역과 동변동 일대에 개발되고 있는 <화담 휴 프로젝트>와 함께 다양한 자연생태와 역사문화를 돌아보는 힐링 공간이 될 것이다. 북구청에서 계획하고 있는 순환 테마길은 모두 8개 코스로서 총 103.6km이다. 코스별 거리와 경로는 다음과 같다. 개통되지 않은 길이어서 소요시간을 가늠하기는 어렵다.

1코스, <행복어울 숲길>(39.0㎞): 팔달동- 함지산- 국우터널- 도덕산- 도남동- 동호동- 명봉산- 태백산- 팔달동

2코스, <운암지 만보길>(5.0㎞): 운암지 수변공원- 옻골- 조야재- 전망대- 팔거산성- 고분군- 운암지 수변공원

3코스, <연리지길>(14.1㎞): 서변동- 망일봉- 국우터널- 연경동- 가람봉- 동변동- 서변동

4코스, <팔거산성길>(15.4㎞): 팔달동- 함지산- 서변동- 금호강- 조야동- 노곡동- 팔달동

5코스, <호연지기길>(11.9㎞): 팔달동- 장태실- 수리봉- 매봉- 금호터널- 사북산- 금호택지지구- 금호강- 팔달동

6코스, <서리지 둘레길>(5.0㎞) : 서리지 입구- 북구 경계능선- 서리지골- 서리지입구

7코스, <화담누리길>(8.2㎞) : 동변동 세심정- 가람봉- 당나무 삼거

리- 위남 마을- 금호강변- 세심정

8코스, <도덕둘레길>(14.0㎞) : 화암- 서해산- 도덕산- 광해군태실- 연경택지지구- 화암

### 북구 순환테마길에 얽힌 이야기

#### 1코스 <행복어울 숲길>

<도덕산 종주길>과 많은 부분이 겹친다. 도덕산은 왕건의 군사가 연경동을 지날 때 글 읽는 소리를 듣고 도덕군자들이 많이 산다고 해서 붙여진 이름이다. 도덕산 정상은 시야가 넓어 동북쪽으로 팔공산 전체가 조망된다. 양지마을에서 쉽게 오를 수 있는 명봉산(402m)은 봄이면 진달래가 흐드러지게 피는 아름다운 산이다. 산악 오토바이 동호인들이 자주 다녀 등산로가 움푹 패인 곳이 많다. <행복어울 숲길>은 코스가 길기에 칠곡군 동명면의 소야재(다부재)를 기준으로 두 번 나누어 다녀야 한다.

#### 2코스 <운암지 만보길>

운암지 수변공원과 조야재, 함지산, 고분군, 팔거산성을 돌아오는 길이다. 운암지에서 함지산까지는 2.7km이다. 정상 보폭으로 만보를 걸으려면 7km 정도를 걸어야 하므로 현재 5km 정도의 <운암지 만보길>은 코스를 조금 더 연장해야 비로소 만보길이 된다.

#### 3코스 <연리지길>

함지산 망일봉에는 소나무 연리지가 있어 부부의 사랑을 확인하는 산책로로 이상적이다. 연리지란 효성이 지극했던 아들의 효성에 하늘이 감

동하여 두 그루의 나무가 한 그루의 나무로 되었다는 후한서 채옹전(蔡邕傳)에 나오는 이야기인데, 지금은 남녀 사이 혹은 부부의 사랑이 지극한 것을 의미한다. 효성을 상징하던 연리지가 부부의 사랑을 상징하게 된 것은 백낙천의 시 장한가(長恨歌) 때문이다. 백낙천은 당 현종과 양귀비의 사랑 이야기를 장편 서사시 장한가로 남겼는데 마지막 구절은 이러하다.

| | |
|---|---|
| 上天願作比翼鳥(상천원작비익조) | 하늘에서는 날개를 짝지어<br>날아가는 비익조가 되고 |
| 在地願爲連理枝(재지원위연리지) | 땅에서는 두 뿌리 한 나무로<br>엉긴 연리지가 되자 |

당 현종은 중국의 4대 미녀(서시, 왕소군, 초선, 양귀비)의 한 사람인 양귀비를 사랑했다. 현종은 사랑하는 양귀비를 위해 화청궁(태진궁)을 지었고, 풍만하고 건강한 양귀비는 애교로 화답했다. 궁궐에는 3천 명이 넘는 궁녀들이 있었지만, 10년 동안 양귀비가 황제의 총애를 독차지했다. 현종은 젊었을 때는 현군이었지만 노년에 양귀비와 사랑에 눈이 멀어 국정을 살피지 못했고 결국 안록산의 난이 일어났다. 안록산의 난으로 양귀비를 죽게 한 현종은 죄책감으로 평생 동안 괴로워하며 그녀를 그리워하게 된다. 중국의 4대 미녀는 각각 별칭이 있는데, 양귀비는 너무나 예뻐서 정원을 산책하면 꽃들이 부끄러워하며 꽃잎을 오므리고 고개를 숙였다고 해서 수화(羞花)라고 한다.(서시-沈魚, 왕소군-落雁, 초선-閉月)

**4코스 <팔거산성길>**

삼국시대에 축성된 팔거산성을 오르는 길이다. 팔거산성은 대구 지역의 방어를 위해 축성된 달성토성(현 달성공원)과 함께 군사상 중요한 곳이었다. 조선시대 가산산성이 축성되기 전에는 팔거산성이 대구를 방어하는 군사의 요충지이자 교통의 요지였다. 함지산을 관니산(冠尼山)이라 부르고, 나루터가 있던 팔달교 주변의 금호강을 사수(泗水)라 부르기도 한다. 팔거산성이나 함지산은 부산 동래에서 한양으로 가는 영남대로가 통과하는 교통의 요지였기 때문에 여러 별칭이 생겨났다.

**5코스 <호연지기길>**

팔달동(八達洞)은 교통이 편리해서 붙여진 이름이고, 팔달동 장태실 마을은 상거래가 활발하여 붙여진 이름이다. 팔달동은 400여 년 전에 성주 배씨가 정착한 마을으로 아름다운 금호강 모래사장을 따라 밤나무가 많았지만, 도시화 되면서 모두 사라졌다. <호연지기길>에 있는 사북산과 금호택지지구를 따라 걸으면 시야가 넓어져 호연지기가 저절로 길러진다고 한다.

**6코스 <서리지 둘레길>**

서리지를 한 바퀴 돌아오는 걷기길이다. 서리지는 북구 동호동에 있는 못인데, 다양하고 풍부한 어종으로 낚시꾼들의 천국이었다.

**7코스인 <화담마을 누리길>**

출발지인 동변동 유니버시아드 선수촌 아파트의 가람봉 입구에는 마음을 씻는다는 세심정(洗心亭) 옛터가 있다. 전응창(全應昌)이 세운 정자였는데 지금은 옛터만 남아있다. 연경서원을 찾는 선비들은 낙동강 물길을 이용하여 금호강으로 들어와 세심정 나루터에 내려 동화천(箭灘, 玉溪)을 따라 연경서원까지 걸어서 갔다.

　모름지기 어떤 일을 도모하거나 원하는 바가 있으면 먼저 마음을 깨끗이 해야 하고, 세심(洗心)을 하는 데는 걷기가 최고이다. 걸으면 혈액순환이 촉진되어 머리에 많은 산소가 공급된다. 산소 공급이 많아지기에 복잡한 생각이 정리되어 저절로 마음이 깨끗해지는 세심(洗心)이 된다. 세심정 옛터 근처에는 금호강의 하식애(河蝕崖)로 만들어진 화담(花潭)이 있어 봄이면 진달래가 만발한다.

**8코스 <도덕둘레길>**

연경서원이 있던 연경동의 화암(畵巖)에서 출발하여 도덕산을 돌아오는 트레킹 길이다. <도덕산 종주길> 혹은 응용코스와 겹치는 길이다.

1

2

1. 세심정 옛터 ©박진관
2. 운암지 수변공원

1

2

3

1. 팔거산성 남쪽 성벽 ©박진관
2. 도덕암 설경
3. 함지산 망일봉의 소나무 연리지

궁산
와룡산
꿈에그린A
쉼터
계명문화대
이곡중
선원초등
이락서당
강창교
디아크문화관
낙동강
달성습지
사문진교
정부대구합동

# 승천하지 못한 용이 엎드려 있고

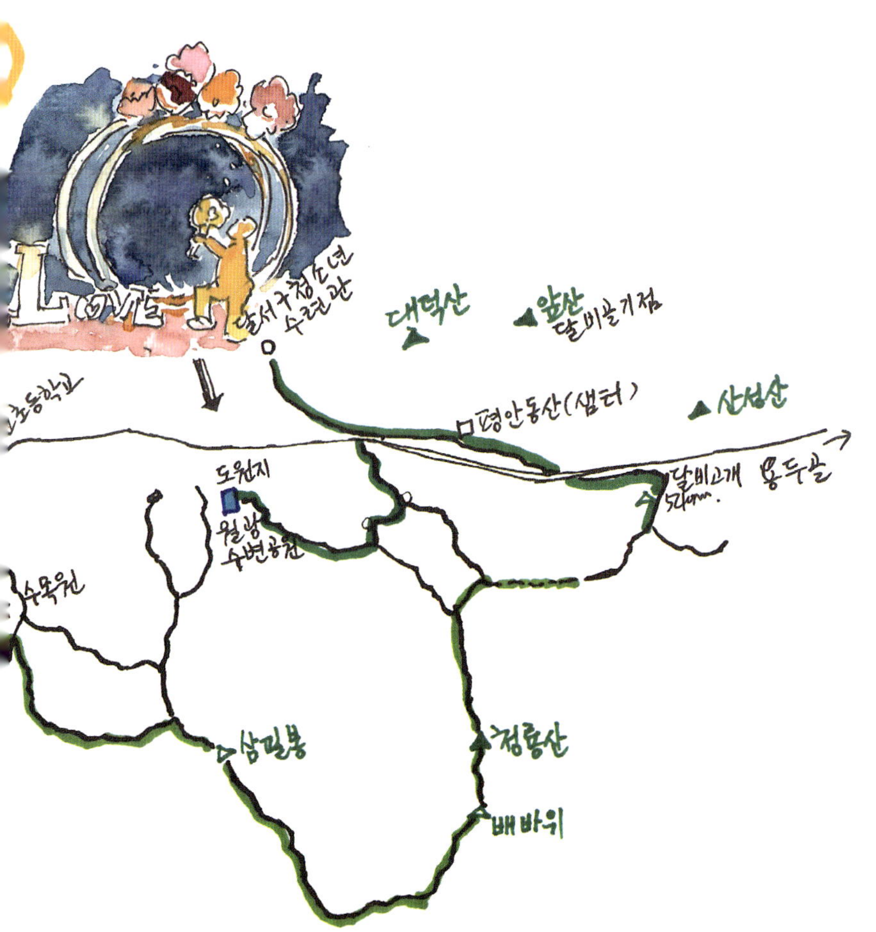

쌍용 녹색길은 달서구의 와룡산(299m)과 청룡산(794m)을 연결하는 길이다. 인구 60만이 넘는 달서구는 대구의 서쪽을 감싸며 길게 이어져 월배 생활권과 성서 생활권으로 나누어진다. 길게 늘어진 두 개의 생활권을 이어 구민들에게 일체감과 소속감을 높이기 위해 월배지역의 청룡산과 성서지역의 와룡산을 연결하는 <쌍용 녹색길>을 조성하였다. <쌍용 녹색길>은 크게 세 개의 코스로 나누어진다. <와룡산, 궁산 녹색길 코스>(7km), 달성습지 근처에서 시작되는 <장밋길과 유수지 그리고 진천천을 거슬러 올라가는 연결 코스>(3km), 대구수목원에서 삼필봉을 지나 청룡산에서 도원지로 내려오는< 청룡산 녹색길 코스>(9km)가 그것이다.

선원초등학교 혹은 선원공원에서 시작하는 와룡산 녹색길 코스는 와룡산 정상~불미골 쉼터(이곡중학교 뒤편)~배실 체력단련장~서재리로 넘어가는 신당고개(꿈에 그린 아파트)까지 3.9km 구간이다. 궁산(252m) 코스는 계명문화대 뒤쪽의 꿈에 그린 아파트에서 궁산, 배꼽덤을 지나 이락서당(강창교)까지 3km 구간이다. 와룡산은 새해에 해맞이 장소일 정도로 성서지역과 칠곡, 다사 지역을 살피기에 좋고, 궁산 정상에서 이락서당으로 내려가는 길은 금호강을 조망하는 절벽(궁산적벽) 길이어서 경치가 좋다. 와룡산 정상에서 동북쪽 능선을 따라가면 상리봉, 용미봉을 지나 서구 상리동의 세방골이나 가르뱅이(掛耳方)로 내려간다.

연결코스인 이락서당(강창교)에서 금호강을 따라 낙동강 합수지점까지는 강변길이어서 걷기에 편하고, 강문화관인 디아크에서 달성습지를 바라보며 걷는 구간은 여름철 장미가 아름다워 <장미길>로 명명되었다. 유수지를 지나 진천천을 따라 정부 대구지방종합청사까지 걷는 구간은 도심을 통과하는 구간이어서 그리 권하지 않는다.

청룡산 녹색길 코스는 정부 대구지방종합청사의 앞쪽 산을 올라 대구수목원 뒤편을 지나서, 삼필봉~청룡산~달비고개~평안동산~달서구 청소년수련관~도원지(월광수변공원)까지의 9km이다. 대구수목원에도 둘러볼 것이 많지만 삼필봉, 청룡산은 이 지역에서 전망이 좋기로 유명하다. 대구수목원에서 달성군 화원읍으로 가면 본리리의 남평 문씨 세거지(世居地)를 지나 기내미재~함박산~옥연지(송해공원)~송촌리~달성보에 이르는 22km가 넘는 <달성보 찾아가는 녹색길>로 이어진다. <달성보 찾아가는 녹색길>은 달성군에서 만든 <비슬산 둘레길>(11개 코스, 총 108km)의 일부이다. 청룡산은 주변에서 가장 높은 산이다. 정상에서 달성군, 성주군, 고령군 방면으로 흐르는 낙동강을 조망하면 뱀처럼 구불구불 흘러가는 사행천(蛇行川) 임을 확인할 수 있다. 청룡산에서 달비고개까지는 평탄하여 기분 좋은 산길이고, 달비고개에서 평안동산을 지나 도착하는 도원지(월광수변공원)는 야간 분수가 아름답고 둘레에는 멋진 산책길이 조성되어 있다. 계곡 안쪽에는 각종 음식점이 있고, 밤낮으로 산책 나온 구민들이 많다. 도원지 제방을 따라서 삼필봉으로 오르는 트레킹길도 좌우로 펼쳐지는 경치가 좋다(제방~삼필봉 3km).

<쌍용 녹색길> 전체 경로는 선원초교~와룡산~불미골 쉼터(이곡중학교 뒤편)~배실 체력단련장~서재리로 넘어가는 신당고개(꿈에 그린 아파트)~궁산~배꼽덤(궁산적벽)~이락서당(강창교)~디아크~장밋길~유수지~정부대구지방종합청사~대구수목원~삼필봉~청룡산~달비고개~평안동산~달서구 청소련 수련관~도원지이고, 총 거리는 19km이다.

### 쌍용 녹색길에 얽힌 이야기

성서지역의 구민들이 자주 찾는 와룡산(臥龍山)은 승천하지 못한 용이 엎드린 형상이다. 와룡산 정상에 오르면 산줄기가 엎드린 용의 형상이라는 것을 알 수 있다. 달성군 다사읍 서재리 쪽에는 용두봉(龍頭峰)이 있고, 서구 상리동 쪽에는 용미봉(龍尾峰)이 있다. 와룡산 주변은 육군 50사단이 주둔하여 개발이 늦어졌지만 50사단이 북구 국우동으로 옮겨가자 택지로 개발되었다. 1991년 3월 와룡산으로 개구리 잡이 갔던 5명의 소년이 실종되어 10여 년 동안 전국이 떠들썩했지만 어린이들의 유골만 확인하였을 뿐 지금도 미제사건으로 남아 우리의 마음을 아프게 한다. 와룡산 자락 이곡동에는 용강서원(龍岡書院)이 있는데, 임진왜란 때 의병장이었던 김해 허씨 허득량과 허복량을 배향하고 있다.

활을 닮아 이름 붙인 궁산(弓山)은 계명대학교 성서캠퍼스 뒷산이다. 궁산에서는 팔달교를 통과한 금호강 물길이 방천리와 서재리를 지나 디아크 강문화관에서 낙동강과 합수하는 모습을 볼 수 있다. 궁산에서 배꼽덤을 따라 내려오는 길의 흙과 돌이 붉은색이고, 저녁 햇볕에 반사되면 더욱 붉은 빛이어서 이 지역을 궁산적벽(弓山赤壁)이라 부른다. 달서구에서 달성군 다사읍으로 넘어가는 강창교 옆에는 이락서당(伊洛書堂)이 있다. 한강 정구와 낙재 서사원의 정신을 기리기 위해 여러 문중에서 뜻을 모아 건립했다. 신당동 고개를 넘어가면 달성군 다사읍 서재리(鋤齋里)인데 원래 성주 도씨의 집성촌이었다. 중시조 도여유(都汝兪, 1574~1640)는 모당 손처눌과 한강 정구에게 학문을 배워 이괄의 난 때 향병을 모집하여 공을 세웠다. 병자호란 이후 이곳에 은거한 도여유의 호를 따서 서재리라 부른다.

달서구 호림동의 성서산업단지를 통과하여 금호강과 낙동강의 합류지점인 디아크 강문화관을 지나면(장밋길, 자연생태학습장) 달성습지를 조망하며 유수지를 걷게 된다. 낙동강은 가락(가야)의 동쪽을 흐르는 강이므로 이 지역은 고대 신라와 가야의 국경선이었다. 화원동산의 사문진교까지 이어지는 낙동강 강변길은 풍경이 뛰어나고 토성과 고분군이 흩어져 있어 고대 역사의 현장을 볼 수 있다. 행정구역 개편으로 대구에 편입된 달성습지는 물을 정화시키는 기능이 뛰어나 대구의 콩팥이라 불린다. 유수지와 달성습지는 두루미, 황조롱이 등의 텃새나 철새의 서식지이고 양서류와 파충류의 보고이다.

정부 대구지방종합청사 앞으로 난 쌍용녹색길을 따라 2km 정도 진행하면 대구수목원 뒷산에 다다르게 되고, 다시 표지판을 따라가면 삼필봉(468m)에 이른다. 삼필봉에서 수밭고개를 지나면 도착하는 곳이 청룡산이다. 청룡산은 가창과 월배의 경계가 되는데 이 근처에 승천한 청룡이 살았던 굴이 있어서 청룡산으로 부른다. 수밭고개를 통과하여 경사가 심한 암릉을 오르면 배바위에 이른다. 배바위에서 청룡산에 이르는 길은 시야가 좋아 달서구 전역이 조망된다. 청룡산에서 달비고개(달빛을 쓸어내린다는 아름다운 우리말 달비에서 월배라는 한자지명이 생겨났다)로 가는 길은 평탄하고 서쪽이 트여 낙동강을 바라보는 전망이 좋다.

달비고개에서 망향동산인 평안동산을 지나 도원지에 이르는 길은 잘 정비되어 있으며, 달서구 청소년수련관을 지나면 도원지(월광수변공원 혹은 보훈병원)에 이른다. 달빛이 아름다운 월광수변공원에는 데크가 설치되어 걷기에 편안하고, 야간에 분수 쇼를 하면 경치가 더욱 좋다. 공원 주변에는 예술조각 작품과 문화적인 상징물이 잘 정비되어 있다.

이은상의 시 <思友, 동무생각>을 작곡한 대구 출신 박태준의 노래비도 있다. 마산 사람들은 우리나라 최초의 가곡인 <동무생각>에 나오는 청라(靑蘿)언덕이 이은상의 고향인 마산 노비산 언덕이라고 주장한다. 그러나 대구사람들은 작곡자 박태준의 계성고 재학시절 첫사랑 이야기를 스토리텔링하여 동산병원 선교사 사택 주변을 청라언덕이라 부르고 있다.

1

2

3

4

1. 궁산 정상에서 바라본 달성군 다사읍 서재리와 금호강
2. 한강 정구와 낙재 서사원의 정신을 기리는 이락서당 ©박진관
3. 달성습지 ©박진관
4. 월광 수변공원 ©박진관

육신사
낙빈서원
하빈고개
삼가헌
낙동강
하목정
성주대교
문산전망대
문산정수장

13장—강정보 녹색길

# 붉은 노을빛을 받아 외롭게 날아오르는 따오기

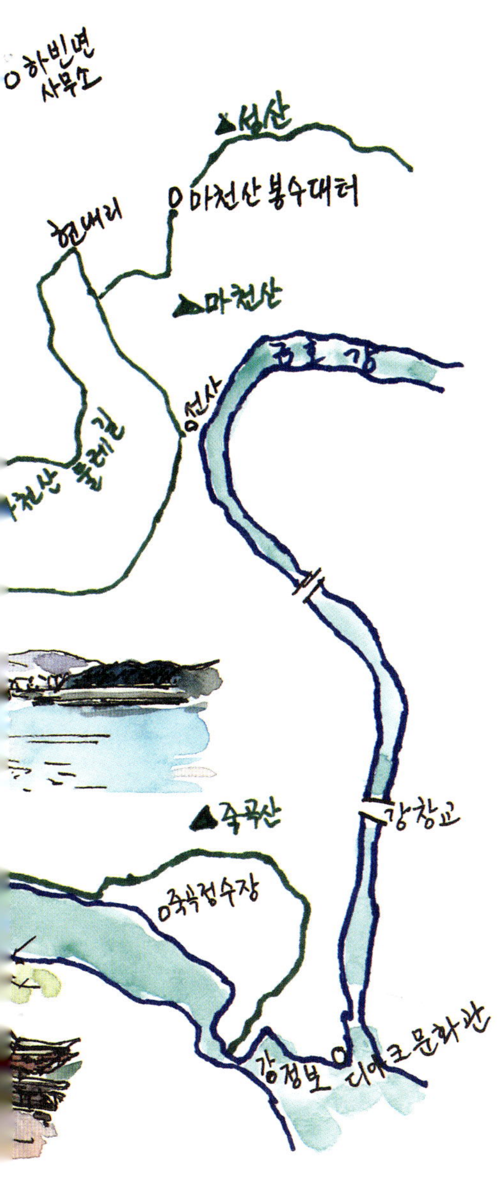

대구에는 도심지를 관통하는 신천과 북쪽을 흐르는 금호강이 있고, 서쪽에는 낙동강이 흐른다. 낙동강 물길을 따라 달성군 하빈면 묘골에서 강정보 디아크 강문화관에 이르는 <강정보 녹색길>과 강정보에서 고령군 다산면다산공원~사문진교~화원동산~달성노을공원~달성보에 이르는 <낙동강 물레길>이 있다.

<강정보 녹색길>은 대구와 칠곡군 왜관읍의 경계지점인 달성군 하빈면 묘리(묘골)에서 시작된다. 걷기길을 조성한 달성군은 문양역을 출발지로 표기하고 있지만 문양역에서 하빈면 묘리까지는 산길이다. 그러므로 물길을 따라 걷는 <강정보 녹색길>은 묘골 육신사나 삼성그룹 창립자인 이병철 회장의 부인 박두을 여사의 생가에서 시작된다고 할 수 있다.

단종 복위를 꾀하다가 세조에게 죽은 박팽년의 손자 박일산(박비)이 외가인 묘골에서 겨우 목숨을 부지하여 순천 박씨의 혈통을 이어왔다. 처음에는 하빈사를 세워 할아버지 제사를 모시다가 그후 꿈에 나타난 사육신 6분을 모두 제사 지내면서 육신사가 되었다. 육신사에서 낙빈서원, 삼가헌을 지나 하목정까지는 낮은 구릉을 따라가는 길이고, 하목정에서 죽곡 정수장까지는 자전거길을 따라가는 평탄한 강변길이다. 죽곡 정수장에서 강정보로 가는 길에는 죽곡산이 있는데, 산길이 부담되면 우회하여 강변 데크길을 이용할 수 있다. 강정보 녹색길 19km는 강바람을 맞으며 걷는 평탄한 강변길이다. 봄이면 꽃이 지천으로 피어나고, 가을이면 갈대가 무성하다. 강물은 햇볕을 받아 반짝이며, 저녁이면 노을이 아름답다.

전체 경로는 육신사 ~삼가헌(낙빈서원) ~구봉산전망대 ~하목정(성주대교) ~하빈 남로(하빈수변공원) ~봉천나루터~문산 전망대 ~문산 정수장 ~영벽정~매죽골 ~죽곡정수장~강정보(디아크)까지의 19km이고 6시간 정도 걸리는 걷기길이다.

## 강정보 녹색길에 얽힌 이야기

지하철 2호선 종점인 문양역은 대구의 노인들이 즐겨 찾는 어르신 천국이다. 우리나라도 65세 이상의 인구가 총인구의 14%에 이르는 고령사회를 지나, 20%를 차지하는 초고령 사회로 진입하고 있다. 한국 근·현대사의 영욕을 온몸으로 겪은 어르신들이 모여 노후를 설계하고 새로운 노년을 즐기는 곳이 문양역 주변의 마천산(196m)이다. 문양역에서 시작하여 원점을 회귀하는 7.5km(3시간 소요)의 마천산 등산길은 노년의 삶을 돌아보고 버킷리스트(Bucket List)를 생각하며 걷는 길이다. 마천산을 일주하여 원점 회귀하는 등산길은 해발 300m 이하의 평탄한 길이고 안내표지가 많아 비교적 수월하다. 경로는 터널출발점~제1 체력단련장~마천산~배수지 분기점~제2 체력단련장~분기점~제3체력단련장~터널도착점까지다.

달성군 하빈면 묘리(妙里)는 사육신의 한 사람인 박팽년의 손자 박비(朴婢)가 기구하게 살아남아 순천 박씨의 대를 이어오는 마을이다. 박팽년(당시 병조참판)은 세조의 왕위 찬탈에 항거하다가 이조판서인 아버지, 4형제, 아들 3형제 등 3대에 걸친 9명의 남자가 모두 처형되었고 여자들은 모두 관비가 되었다. 박팽년이 처형될 때 둘째 아들 박순의 아내인 성주 이씨는 임신 중이었다. 세조는 친정으로 내려간 이씨 부인이 아들을 낳으면 죽이라고 했다. 마침 박팽년의 여종 또한 임신 중이었고, 여종이 <마님께서 딸을 낳으시면 다행이나, 아들을 낳는다면 쇤네가 낳은 아기로 죽음을 대신 하겠다>고 했다. 박순의 아내가 해산하니 아들이었다. 마침 여종은 딸을 낳아 서로 맞바꾸어 살아남게 되었고, 후손을 이었다. 구사일생한 아들은 처음에는 이름을 박비(朴婢)라 지었고 세월이 지나 박일산(朴壹珊)으로 고쳤다.

육신사(六臣祠)는 사육신 즉, 박팽년, 성삼문, 하위지, 이개, 유성원, 유응부의 위패를 봉안한 사당이다. 본래 취금헌 박팽년을 향사했으나 여섯 신하가 사당문 밖에서 서성이는 모습을 꿈에서 본 후 나머지 다섯 신하의 위패도 함께 모시게 되었다고 한다. 육신사 진입로에는 삼성그룹 창업자인 호암 이병철의 부인 박두을 여사의 생가가 있다. 경남 의령군 출신의 이병철 회장이 삼성그룹 창업 기반을 대구에서 시작한 것도 하빈면 묘골이 처가였기 때문이다. 어려서 관상을 보니 왕비가 아니면 거부의 아내가 될 것이란 예언대로 박두을 여사는 호암 이병철의 아내가 되어 삼성그룹을 일으키는 데 일조했다.

성주대교 앞 하빈면 하산리의 하목정(霞鶩亭)은 임진왜란 때 의병장이었던 낙포 이종문이 1604년에 건립했다. 인조는 왕위에 오르기 전 광해군의 폭정을 피해 전국을 유람하였는데, 경상도 지역에 왔다가 경치가 좋은 이곳에 머물렀다. 그 인연으로 이종문이 당나라 왕발(王勃)의 등왕각서에 나오는 <붉은 노을빛을 받아 외롭게 날아오르는 따오기>라는 구절에서 하목정이라 명명하였고, 인조가 직접 현판을 썼다. 금호강의 연경서원, 용호서원, 이강서원과 금호강이 낙동강과 만나는 두물머리에 있었던 부강정(浮江亭), 낙동강의 하목정은 이종문, 서사원, 곽대덕, 손처눌, 정사진, 여대로 등 한강과 여헌의 문인들이 배를 타고 노닐던 곳이다.

금호강 안쪽은 17세기 초 대구지역의 유림들이 모여 뱃놀이를 하면서 강안문학(江岸文學)과 유학 르네상스를 꽃피운 곳이기도 하다. 400여 년 전 대구 선비들이 강안문학을 꽃피운 낙동강, 금호강의 뱃놀이 행사를 고증하여 시대에 맞는 관광자원으로 개발한다면 대구의 정체성을 회복하는 데도 큰 도움이 될 것이다.

강정보는 저수량 1억800만t으로 청도 운문댐과 비슷한 규모이고,

강정보에 설치된 수문은 원반부를 회전시켜 개폐하는 회전식 수문이다. 강정보 설치로 만들어진 문산 정수장과 죽곡 정수장은 대구시민들을 위한 상수도 취수원이 되고 있다. 강정보 근처에는 강문화관인 디아크가 있다.

<강정보 녹색길>은 <낙동강 물레길>과 겹친다. 낙동강의 대구광역시 구간은 58km 정도인데, 전 구간을 낙동강 물레길이라 부른다. <낙동강 물레길>은 달성군 하빈면 묘리에서 시작하여 강정보와 달성보를 지나 달성군 구지면 대암리까지 이어진 58km의 자전거 종주길이다. 자전거 종주길인 <낙동강 물레길>은 강변을 따라가는 길이기에 걷기길로도 손색이 없다. 주변에는 강정보 수변공원(디아크), 다산문화공원, 달성 노을공원 등이 있어 멋진 경치를 여유있게 즐길 수 있다.

물은 모든 생명의 근원이며 지혜로운 사람은 물을 좋아한다(知者樂水). 노자는 최상의 도는 물처럼 살아가는 것이라고 했다. 물은 뭇사람이 가기 싫어하는 낮은 곳(천한 곳)으로 흐르며 만물을 이롭게 하고 서로 다투지 않는다. 그러므로 물은 도(道)에 가깝고, 최상의 선(善)은 물과 같은 것이다(上善若水-도덕경 8장). 은나라 탕왕은 세수 대야에 일일신 우일신(日日新 又日新)이라 새겨놓고 물로 세수할 때마다 자신을 새롭게 변화시키자는 다짐을 했다. 쉬지 않고 흘러가는 강물처럼 끝없는 자기변화를 통해 우리는 능동적인 삶을 살아갈 수 있다. 단군신화에서는 단군이 탄생하기 전에 이미 하늘에서 물을 준비했고(風伯, 雨師, 雲師), 구약성경 창세기에도 물을 먼저 만들고 맨 마지막에 인간을 창조했다. 고대 그리스의 탈레스(BC 625~545)는 만물의 근원은 물이라 했다.

지구상 물의 97%는 바닷물이고 3%만이 바다가 아닌 곳에 존재하며, 0.00012%만이 하천에 흐르는 물이다. 그러나 이 미미한 강물이 인간 활동과 긴밀한 관계를 가지며 4대 문명을 잉태했다. 고대에 강은 주로 외적의 침입을 막는 군사 방어선으로 이용되었고, 관개(灌漑)와 수운(水運)의 수단으로 사용되었다. 지난 5,000년 동안 인간은 하천유역을 변경시켜 농경지와 주거지로 만들면서 자연의 물 순환 과정을 왜곡시켰다. 산업혁명 이후 인간 활동에 의한 이산화탄소의 배출은 홍수와 가뭄을 가속화시켰다. 오랫동안 하천을 정복하려는 인간의 노력은 이제 한계에 도달했다. 이제 하천은 정복대상이 아니라 공존과 조화의 대상이 되어야 한다. 강과 조화롭게 살아가는 것이 지혜로운 삶이고, 대자연인 강, 숲, 산을 걷는 것이 건강한 삶의 시작이 된다. 실제로 강변이나 바닷가를 걸으면 물에서 나온 음이온 때문에 건강에 좋다는 연구결과도 있다.

1

2

1. 문양역 마천산 봉수리 ©박진관
2. 하빈면 묘리 육신사 ©달성군 제공

1

2

3

4

1. 하목정 ©박진관
2. 강정보 ©달성군 제공
3. 박두을 여사 생가
4. 강정보 수변공원(디아크) ©달성군 제공

대구수목원
남평문씨 본리세거지
본리리
인흥서원
화원휴양림
함박산
전망대
전망대
송해공원
옥연지
기세리
가래골
N
E
W
S

14장—달성보 찾아가는 녹색길

# 산길, 숲길, 마을 길에
# 담긴 풍경의 속살

<달성보 찾아가는 녹색길>은 대구수목원에서 달성보까지 전체거리 22.5km, 8시간 걸리는 걷기길이다. 이 길은 산길, 숲길, 마을길을 걸으며 경치와 사람 살아가는 모습을 볼 수 있고, 대구문화의 뿌리인 달성군의 속살을 느낄 수 있다. 걷는 거리가 길지만, 도착지점인 달성보 전망대에서 낙동강의 장엄한 일몰을 감상하면 하루 동안의 걷기로 축적된 피로가 말끔히 해소된다. 중간에 탈출로가 많고, 교통이 편리하여 짧은 구간을 나누어서 걸을 수도 있다. 곳곳마다 편의시설이 마련되어 있어 명품 걷기길의 기준을 충족시키고 있지만, 아직 널리 알려지지 않아 찾는 사람이 적다. 코스 중에서 걷기 쉽고 경치가 좋은 길은 대구수목원에서 기내미재까지 약 8km이다. 기내미재는 명곡에서 용연사로 넘어가는 재이고, 부근에는 간이매점도 있으며 시내버스도 운행한다.

기내미재에서 함박산을 거쳐 기세리 옥연지 송해공원으로 내려오는 코스는 비교적 수월하지만, 함박산(432m)에서 옥연지로 내려오는 길은 재정비가 필요하다. 함박산 전망대는 해발고도가 높지 않으나 대구 전역을 살필 수 있고, 낙동강을 조망할 수 있다. 기세리의 옥연지 둘레에는 송해공원이 정비되어 찾는 사람이 많고, 기세리에서 송촌구간은 길 상태가 다소 좋지 않다. 특히 달성공단으로 들어가는 도로를 건너기 위해 굴다리를 통과해야 하는데 안전에 조심해야 한다. 송촌에서 노이리(갈실)로 넘어가는 길은 우측으로 내려와 송촌마을 솔비쉼터 방향이다. 산길을 따라가면 큰평년 쉼터에 이르고, 큰평년 쉼터에서 갈실마을(노이리)까지는 임도길을 따라가는 편안한 걷기길이다. 갈실마을에서 임도를 따라 덧재~하리 마을회관(약산낚시터)~약산온천 쉼터를 통과하면 달성보에 도착한다.

전체 구간은 대구수목원~남평문씨 세거지~인흥길~비슬산 등산로 분기점(명심보감길)~기내미재~함박산~옥연지~송촌마을 솔비쉼터~큰평

년 쉼터~갈실 마을회관~덧재~하리 마을회관(약산낚시터)~약산온천 쉼터~달성보이고 총 22.5km, 8시간 거리이다. <달성보 찾아가는 녹색길>은 달성군에서 조성한 <비슬산 둘레길> 108km, <명심보감로> 5km와 겹친다.



## 달성보 찾아가는 녹색길에 얽힌 이야기

걷기길 출발점인 대구수목원은 1990년까지 쓰레기 매립장이었다. 대구 지하철 공사현장에서 피낸 흙으로 쓰레기 매립장을 덮고 수목원으로 조성하여 2002년 문을 연 이후 시민들의 관광, 휴식공간으로 사랑받고 있다. 춘란전시회, 국화전시회, 야생화 전시회를 개최하고 있으며, 푸른 대구를 가꾸기 위해 매년 봄이면 묘목 무료 분양 행사도 한다.

대구수목원을 넘어가면 바로 남평 문씨 인흥(본리) 세거지에 도착한다(쌍용녹색길과 겹친다). 남평 문씨는 전라도 나주군 남평읍을 본관으로 하는 성씨이고, 시조는 문다성(文多省)이다. 분파인 강성 문씨 시조 문익점은 고려 공민왕대에 원나라에서 목화씨를 몰래 가져온 것으로 유명하다. 문익점의 후손이 300여 년 전에 화원으로 이거(移居)하여 1834년 문경호가 본리 세거지로 입향(入鄕)했다. 남평 문씨 세거지는 고려시대 삼국유사를 쓴 일연스님이 주석하던 인흥사(仁興寺)가 있던 절터인데 임진왜란 때 소실되고 마을이 만들어졌다. 세거지 앞에는 천내천이 흘러 전형적인 배산임수(背山臨水)의 명당이 되고 있으며, 광거당, 수봉정사, 수백당, 인수문고, 이광원, 인흥원 등의 명소가 있고, 문익점을 기념하여 조성한 목화밭과 인흥사지 3층 석탑이 유명하다. 300년 수령의 느티나무가 자라는 곳은 대구시장을 지낸 문희갑이 퇴거하여 지내고 있는 사죽헌(思

竹軒)인데 대문에 걸어둔 글귀가 재미있다. "얻었다 한들 본래 있던 것, 잃었다 한들 본래 없던 것"(得之本有 失之本無— 출처는 碧巖錄이다.)

남평 문씨 세거지 앞에는 인흥서원(仁興書院)이 있다. 인흥서원은 추계 추씨 4현(추황, 추적, 추유, 추수경)을 제향한 서원이다. 고려 충렬왕대에 노당 추적(露堂 秋適)은 어린이 교육용으로 공자, 맹자, 순자, 노자 등 중국 선현들의 명구(名句)들을 엮어 명심보감을 펴냈다. 인흥서원에서 1869년 추세문이 편찬한 명심보감판본 31매가 발견되어 대구시 지정 문화재가 되었고, 이를 기념하여 <명심보감로(설화명곡역~인흥서원)> 5km가 조성되어 있다.

옥연지 둘레의 송해공원은 황해도 출신 국민가수 송해(본명 송복희)를 기념하여 조성되었다. 송해는 6.25 때 월남하여 대구에서 통신병으로 근무하면서 옥포면 기세리 출신의 석옥이 여사와 결혼하였고, KBS 전국노래자랑 MC로 성공하여 달성군 홍보대사로 임명되었다. 이러한 인연으로 달성군은 옥연지 둘레길을 조성하여 송해공원으로 명명하였다(옥연지 둘레길 3.5km). 함박산(달도산) 아래 기세리는 청주 석씨 집성촌이고, 석재준(1866~1945)을 기리는 소계정(小溪亭)이 있다. 주변 경치가 아름다운 송해공원과 낙동강가의 사문진 나루터(화원동산)는 찾는 사람이 많아 달성군의 수입을 늘려주는 관광지가 되고 있다. 소계정에서 김흥리~초곡산성~유가사 입구까지는 <비슬산 둘레길> 제 2코스와 겹친다.

약산온천 입구 사거리를 지나면 이명박 정부 시절 4대강 정비 사업으로 건설된 달성보(達城洑)가 나온다. 달성군 논공읍과 고령군 개진면을 연결하는 달성보에는 달성노을공원이 조성되어 군민들의 휴식공간으로 사랑받고 있다. 서쪽 고령군 개진면 인안리로 지는 저녁노을이 아름다워 달성 노을공원으로 명명했다. 홍수 예방을 위해 건설된 대형 댐 크기의 달성보에는 자전거길과 걷기길이 조성되어 고령군으로 건너갈 수 있다.

옛날, 대구지역은 거대한 호수였고 곳곳에 공룡이 살았다. 빙하기를 지나며 비슬산에는 세계에서 가장 큰 암괴류(巖塊流, Block stream)가 만들어졌고, 구석기 시대부터 대구 전역에 사람이 살았던 것으로 추정된다(월성동 고분, 파동 암음 유적 등). 신석기 시대와 청동기 시대 유적은 침산동, 서변동, 진천동, 가창 등 대구 전역에 분포한다. 문헌에 따르면 고인돌(支石墓)은 대구지역이 인천 강화나 전북 고창보다 많았다(상동, 칠성동 칠성바위, 가창 냉천리, 화원읍 천내리 화장사, 진천동 등에는 아직도 고인돌의 흔적이 다수 남아 있다). 역사시대의 유적으로는 화원토성, 용두토성, 달성토성, 불로·봉무·팔거·용암산성과 고분군 등이 있다. 달성토성(현재의 達城公園)은 경기도 광주의 풍납리 토성과 함께 가장 오래된 삼한시대의 토성이다. 달성토성 앞에는 대구천이 흘러 자연적인 해자(垓子)를 형성하고 있어서 대구 방어를 위한 군사요충지 역할을 하였다. 이러한 사실은 "서기 108년 신라가 다벌국(多伐國)을 병합한 뒤 261년에 달벌성(達伐城)을 쌓고 극종(克宗)을 성주로 삼았다"는 삼국사기의 기록에서 확인할 수 있다.

사문진 역사공원 혹은 화원토성(花園土城, 지금의 花園東山)은 낙동강의 물줄기가 꺾이는 지점에 있다. 이 지역은 신라가 고령, 성주 지역의 대가야와 대치하며 세력을 다투던 국경이었다. 비슬산 유가사 서쪽의 초곡산성(草谷山城 혹은 臥蛙山城), 팔장군묘, 고분군은 현풍, 옥포, 유가, 논공 일대를 통치하던 가야의 유적으로 추정된다. 삼한시대나 삼국시대 초기에 달성군 지역이 신라와 가야의 국경이라는 사실은 여러 역사유적에서 확인된다. 낙동강과 인접한 성주군, 고령군, 달성군은 선사시대부터 지금까지 국경이거나 군사요충지였고, 강을 따라 형성된 수많은 나루터의 흔적은 이 지역이 교통의 요지임을 말해준다.

낙동강의 유장한 흐름은 신라시대와 고려시대, 조선시대를 거쳐 지금까지 계속되고 있으며 뱃길을 따라 각종 문화가 발생, 번영, 소멸했다.

대구의 젖줄이자 영남의 젖줄인 낙동강이 지나는 달성군에는 지금도 달성산업단지가 조성되어 대구 경제와 산업을 견인하고 있다. 온갖 질곡(桎梏)의 역사를 묵묵히 지켜온 낙동강과 비슬산을 품고 있기에 달성군을 대구문화의 뿌리(모태)라 부른다. 그 뿌리를 잘 가꾸어 다시 한번 대구문화가 활짝 피어나기를 기대한다.

1

2

1. 사문진 나루터 ©박진관
2. 추계 추씨 4현을 제향한 인흥서원 ©박진관

1

2

3

1. 송해공원
2. 남평문씨 세거지 ©달성군 제공
3. 대구수목원의 가을 전경 ©박진관

왜관
국조전
금호강
봉촌리
문산리
죽곡산
강정보
강나루공원
다산면
다산문화공원
사문진교
화원동산

15장—낙동강 물레길

# 가야인과 신라인들의 애환이 서린 낙동강

원래 물레길이란 2009년 춘천 의암호 주변에 만든 수상 레포츠를 체험하는 길이었다. 이후 4대강을 중심으로 자전거 종주길이 만들어지면서 낙동강 자전거 종주길에 물레길이라는 명칭을 붙이기 시작했다. 낙동강은 대구의 달성군 지역을 흐르므로 대구 구간의 정식 명칭은 <낙동강 달성 물레길>이라 부르는 것이 타당하다. 낙동강 물레길 대구 구간은 달성군 하빈면 묘리에서 달성군 구지면 대암리에 이르는 58km이고, 여기에 소개하는 걷기길은 강정보에서 달성보까지 22km이다. 낙동강 물레길은 자전거 종주길을 따라 걷는 길이다. 거리 표지가 정확하고, 강을 끼고 걷는 평탄한 길이어서 가족들의 나들이 코스로도 적당하고 걷기길 내내 강변 경치와 저녁노을이 아름답다.

달성군 다사읍 죽곡리에 있는 강정보를 건너면 고령군 다산면 다산문화공원이 된다. 낙동강의 흐름을 따라 다산문화공원을 지나 사문진교에서 다시 낙동강을 건너 대구시 달성군 화원동산에 도착하고, 화원동산에서 낙동강을 따라 옥포, 논공 지역을 통과하여, 88낙동강교, 성산대교, 달성 노을공원을 지나 달성보에 이르는 구간이다. 이 길은 아이들도 함께 걸을 수 있는 평탄한 길이고 중간에 탈출로도 많다. 봄에는 강변에 온갖 꽃이 피고, 가을이면 은행나무 잎이 노랗게 물들어 한 폭의 그림이 되기에 출사지(出寫地)로도 유명하다. 여름에는 그늘이 거의 없고 겨울에는 강바람이 매서워 걷기에 부적합하다. 더구나 자전거 종주길을 따라 걷는 길이어서 시멘트 도로이고, 자전거 라이더와의 충돌을 조심해야 한다.

전체 코스는 달성군 다사읍 죽곡리 강정보~강정보 건너기~고령군 다산면 다산문화공원~사문진교 건너기~사문진 역사공원(화원동산)~옥포지역~위천지역~88낙동강교~성산대교~달성노을공원~달성보까지이다.

## 낙동강 물레길에 얽힌 이야기

물 부족 국가인 우리나라는 한 사람이 1일 평균 300리터의 물을 소비한다. 선진국 중에서도 많은 물을 소비하는 국가이다. 소비하는 물 중에서 사람이 하루에 섭취하는 물은 3리터 이하이니 99%의 물은 식수가 아닌 생활용수로 사용하는 셈이다. 사정이 이러하지만, 우리나라의 상수도 정책은 식수와 생활용수를 구별하지 않고 동일한 취수, 정수과정을 거쳐 가정에 공급한다. 1%의 물을 마시기 위해 나머지 99%의 물도 동일한 처리과정을 거치는 것이다. 이를 위해 얼마나 많은 예산이 허비되고 있는지 생각하면 상수도 정책의 근본적인 변화가 필요하다.

우리나라의 수돗물은 취수 및 정수과정에서 한 번 죽고, 노후화된 수도관을 통과하면서 두 번 죽고, 가정마다 고액으로 구입한 정수기를 통과하며 세 번 죽는다고 한다. 정수과정이나 가정의 정수기를 통과한 물은 생체활동에 필수적인 미네랄이 거의 없는 증류수 즉 죽은 물이 된다. 그래서 상수도 사업소나 물 관리 기관이 아무리 강조해도 수돗물을 마시는 사람의 숫자는 점점 줄어든다.

우리나라 생수 시장은 잘못된 허가 기준으로 왜곡이 심하다. 미네랄이 풍부하게 함유된 비교적 안전한 지하수도 무분별한 개발로 오염되고 있다. 일본인들이 부러워하는 퇴적암 지하수를 두고 제주도의 화산암에서 생산되는 물을 고액의 값을 지불하고 마시는 한심한 일이 벌어지고 있다.

하천복원(river restoration)이란 치수기능만을 고려한 방재하천(防災河川)이나 하천부지를 다른 용도로 점용한 점용하천(占用河川)에서 생태하천으로 복원시키는 과정이다. 소위 4대강 정비 사업으로 댐이나 보를 건설하여 얼마나 많은 환경이 파괴되었으며 하천의 수생, 수변 서식처는 또 얼마나 많이 훼손되었던가? 댐은 하천의 역동성 유지나 회유성 어류에게도 치명적이며 상·하류 하천을 물리적, 화학적, 생물학적으로 변화시킨다. 댐으로 하천 홍수를 막으려는 인간의 노력은 한계에 도달했고 자연적인 물 순환 과정을 왜곡시켰다. 그래서 하천복원의 마지막 단계는 <홍수와 더불어 사는 사회>라는 새로운 패러다임이 되어야 한다. 물길을 걸으며 물이 우리 인체에 얼마나 중요하고, 우리나라 수돗물의 실태와 수돗물 정책, 생수 기준 등에 대해 다시 한번 생각하는 기회가 되었으면 한다.

강정보를 건너 도착하는 고령군은 대가야의 땅이다. 대가야는 562년 진흥왕대에 신라에 복속되었지만, 532년 금관가야 멸망 이후 30년 동안 가야연맹체의 맹주국으로 옛 가야의 넓은 지역을 호령하던 나라였다. 대가야가 멸망한 562년까지 한반도에는 고구려, 신라, 백제, 가야가 독자적인 국가로 존재했기에 3국 시대가 아니라 4국 시대로 불러야 한다는 주장이 널리 인정받고 있다. 승리국 신라에 의해 파괴되었고, 일제강점기에 더욱 철저하게 훼손되었지만, 대가야의 유적인 지산동 고분군이나 대가야 박물관 등지에서 대가야 전성기의 세력을 짐작할 수 있다. 고령군 다산면 호촌리에 조성된 다산문화공원은 봄, 가을이면 꽃길과 은행나무 숲길이 아름답다. 강변을 따라 조성된 다산문화공원을 걸으면 시점을 바꿔 고령에서 대구를 바라보는(혹은 대가야에서 신라를 바라보는) 색다른 느낌이 있다.

사문진(沙門津)은 낙동강을 따라 올라온 물자들이 내륙도시인 대구로 유입되던 포구였다. 낙동강 대구 구간에 위치한 대암진(대바우진), 진두진(박석진), 바리미 나루, 사문진, 강정진의 흔적은 과거 대구가 고립된 내륙도시가 아니라 세계와 미래를 향해 열려 있던 항구 도시임을 보여주고 있다. 사문진은 우리나라에서 최초로 피아노가 들어온 곳이기도 한데, 달성군에서는 이를 기념하여 가을이면 사문진 주변에서 <달성 100대 피아노 축제>를 개최한다. 미국인 선교사에 의해 1900년 부산 낙동강 하구에서 사문진으로 들어온 최초의 피아노(귀신통)는 대구제일교회(남문안 교회당)로 운반되어 기독교 전도에 이용되었다. 교회에서 피아노를 배운 박태준이 우리나라 최초의 가곡 <동무생각>을 작곡한 것도 이러한 사실과 무관하지 않다.

낙동강 물길에 의해 형성된 모래사장 문(沙門)을 지나 배를 타던 곳이기에 사문진이라 하였다. 옛 포구인 사문진에 건설된 사문진교는 달성군 화원읍과 고령군 다산면을 이어주는 교량이다. 주변에는 화원동산(사문진 역사공원)과 사문진 주막촌이 형성되어 체험학습과 휴식공원으로 활용되고 있으며, 강정보까지 유람선이 운행된다. 구라리에 있는 성산(85m)은 강가의 절벽으로 천연요새 역할을 하였다. 정상에 흔적이 남아 있는 화원토성은 신라와 대가야가 낙동강을 경계로 각축하던 곳임을 보여준다. 구라리(九羅里)는 진천천과 대명천이 합류하는 곳에 형성된 충적평야 지역으로 물이 좋고 기름진 들(고래실, 구레)이 있어서 붙여진 이름이라는 설과 신라 경덕왕이 서쪽 봉화산의 봉화대 경치에 반해 아홉 번이나 행차해서 마을이 빛났으므로 구라리라고 하였다는 설이 있다.

사문진을 지나 옥포, 논공지역을 통과하면 달성보 못 미처에 달성노을공원이 있다. 노을빛이 고와서 붙여진 이름이다. 종착지인 달성보에는 전망대가 있어 주변의 경치를 감상하기에 좋다. 옥포와 논공지역은 강을 따라 퇴적평야가 형성되어 땅이 비옥하다. 마갯들(옥포와 논공지역의 평야라서 '옥공들'로도 불린다)은 낙동강 곡류에 형성된 퇴적평야인데 홍수로 자주 범람하였지만, 지금은 제방 건설로 전국에서 알아주는 수박, 참외 생산지가 되었다. 옥포와 논공지역에 형성된 산업단지는 오랫동안 대구 경제를 선도하였고, 지금은 현풍면, 유가면 지역에 대구 테크노폴리스(미래형 첨단과학 도시)가 건설되어 대구 경제에 활력을 불어넣고 있다.

남한에서 가장 긴 낙동강을 낙수(洛水)라 부르기도 하는데, 가락(駕洛)의 동쪽을 흐르기에 낙동강이라 한다. 상주의 옛 지명이 사벌 혹은 낙양이었으므로 상주 동쪽을 흐르는 강이라는 주장도 있다(연려실기술). 낙동강은 강원도 태백에서 발원하여 부산의 낙동강 하구둑까지 1300리를 흐른다. 안동에서 반변천(半邊川), 봉화에서 내성천(乃城川), 문경에서 영강(穎江), 상주와 선산에서 감천(甘川)과 위천(渭川), 대구광역시에서 금호강(琴湖江), 경상남도에서 황강(黃江), 남강(南江), 밀양강(密陽江) 등을 합류하여 부산광역시의 서쪽 바다로 흘러간다. 영남지방 전역을 휘돌아 남해로 흘러가는 낙동강에는 가야인과 신라인들의 애환과 정서가 서려 있고, 임진왜란과 6·25전쟁의 비극이 생생하게 간직되어 있다. 낙동강은 우리 역사의 증인이고, 영남 지역의 문화를 발달시킨 원동력이었기에 영남의 젖줄이자 삶의 중심이었다.

1

2

1. 대가야 지산동 고분군 ©박진관
2. 마갯들(옥공들)의 낙동강 둘레길

1

2

3

4

1. 화원토성 ©박진관
2. 달성보 ©박진관
3. 달성100대 피아노 축제 ©달성군 제공
4. 낙동강 짐배와 에피의 피아노를 옮기는 장면
손태룡, 2018, 『대구의 전통음악과 근대음악』

대구수목원
남평문씨본리세거지
인흥사원
도원지
마비정 벽화마을
용문사
옥연지
소계정
태봉산
용연사
비슬산
사효자굴
억새미쉼터

# 거문고 줄 아니어도
# 밟고 가면 韻 들릴까

<비슬산 둘레길>은 대구의 명산인 비슬산을 널리 알리고 시민들의 걷기문화 활성화를 위해 달성군이 만든 걷기길이다. 이 길은 대구시 남구, 달서구, 달성군, 경남 창녕군, 경북 청도군을 지나는 모두 11개 코스 총 108km에 이른다. 각 코스의 명칭, 시·종점, 거리, 명소를 살펴보면 다음과 같다.

| 코스 | 명칭 | 기점과 종점 | 거리(km) | 문화유적 및 명소 |
|---|---|---|---|---|
| 1 | 화원역사탐방로길 | 화원읍 남평문씨세거지~옥포읍 기세리 소계정 | 8.0 | 남평문씨세거지, 인흥서원, 소계정, 함박산 |
| 2 | 옥연지 송해공원둘레길 | 소계정~유가읍 유가사 | 11.0 | 옥연지, 초곡산성, 유가사, 용연사 벚꽃길 |
| 3 | 유가테크노길 | 유가사~유가읍 유곡1리 마을회관 | 8.3 | 대구 테크노폴리스, 사효자굴, 옥녀봉, 국립대구과학관 |
| 4 | 석새미 송림길 | 유곡1리 마을회관~창녕군 성산면 안심정류장 | 8.1 | 석새미, 대산지, 안심계곡 |
| 5 | 청도 웃음길 | 안심정류장~청도군 풍각면 코미디철가방극장 | 10.2 | 철가방극장, 수월리 마을길, 상수월 동제 |
| 6 | 청도 몰래길 | 코미디철가방극장~청도군 이서면 수야교회 | 10.6 | 성곡 저수지, 그린투어센터 |
| 7 | 우록 백합나무길 | 수야교회~가창면 녹동서원 | 10.1 | 목백합군락지, 녹동서원, 청도 홍시길 |
| 8 | 가창 은행나무길 | 녹동서원~가창면사무소 | 13.2 | 은행나무길, 삼산지 수변공원 |
| 9 | 신천물길 | 가창면사무소~남구 대덕문화전당 | 10.3 | 신천, 메타세콰이어길, 앞산자락길 |
| 10 | 앞산자락길 | 남구 대덕문화전당~달서구 도원지 | 6.8 | 도원지, 달서구 청소년수련관, 달비골, 평안동산 |
| 11 | 마비정 벽화길 | 달서구 도원지~화원읍 남평문씨 세거지 | 11.4 | 마비정 벽화마을, 비슬산휴양림 |

## 비슬산 둘레길 코스별 세부경로와 이야기

### 1코스 <화원역사탐방로길>

화원읍 본리리 남평 문씨 세거지에서 시작된다. 마을 앞의 천내천을 따라 인흥서원에 이르면 잠시 <명심보감길>과 만나고, 이어서 걷기 좋은 산길을 따라가면 기내미재에 도착한다. 기내미재의 육교를 건너면 함박산 등산로가 이어지고, 함박산 전망대를 지나 하산하면 기세리의 소계정과 옥연지에 이른다. 1코스는 <달성보 찾아가는 녹색길>과 겹친다.

### 2코스 <옥연지 송해공원 둘레길>

옥연지 소계정에서 송해공원을 한 바퀴 돌고(3.5km), 반송 삼거리~용연사 벚꽃길~김흥마을~초곡산성~유가사까지 11km이다. 용연사 가는 길에는 봄이면 벚꽃이 아름답고, 반송 삼거리를 지나면 볼 수 있는 반송은 한 뿌리에서 여러 갈래의 가지가 뻗어 나온 소나무이다. 칠지반송이란 일곱 가지의 반송을 의미하고, 근처의 모든 소나무가 반송이어서 마을 이름도 반송리라 한다. 둘레길 코스에서 벗어나 있지만, 용연사에는 부처의 진신사리를 모신 적멸보궁이 있으므로 계곡길을 따라 용연사 탐방을 권한다.

초곡산성(草谷山城)은 삼국시대에 축성된 테뫼식 산성으로 소가 누운 형상이어서 와우산성(臥牛山城), 개구리가 엎드린 형상을 닮아 와와산성(臥蛙山城)이라 부르기도 한다. 초곡산성은 임진왜란 때 홍의장군 곽재우가 지형을 이용하여 왜구를 격퇴한 곳이고, 비슬산의 전체 모습을 감상할 수 있다. 김흥리에서 초곡산성을 지나 유가사로 넘어가는 길은 김흥임도이다. 김흥임도를 따라 초곡산성을 넘으면 2코스 종점인 유가사 입구에 도착한다. 2코스는 해발 700m 정도의 초곡산성을 오르내리는 산길이어서 4시간 정도 걸린다.

**3코스 <유가테크노길>**

유가사 입구에서 상원사 입구~사효자굴~음리 마을(음동교)~용봉 삼거리~휴양림 사거리~용금공단~국립대구과학관~옥녀봉 쉼터~유곡1리 마을회관(짐실 쉼터)까지 8.3km의 평탄한 길. 3시간 정도 걸린다. 유가사(瑜伽寺)는 신라 말에 창건되었고 한때는 수 천 명에 이르는 스님들이 상주하였으나 임진왜란으로 불타고 중건하였다. 지금은 동화사의 말사. 화두를 참구하는 스님들의 수행처로 유명한 수도암과 도성암이 있다. 사효자굴은 임진왜란 때 마을 사람들이 피난한 굴인데, 병으로 기침이 잦은 아버지를 대신해 죽은 4명의 효자를 기리는 곳이다. 3코스에서 벗어나 사효자굴과 상성폭포를 다녀오려면 30분 정도 더 걸린다.

**4코스 <석새미 송림길>**

달성군 유가읍 유곡리(짐실쉼터)에서 경남 창녕군 성산면 안심정류장으로 넘어가는 임도이다. 창녕군과 협조가 되지 않아 안내판이나 구간표시가 없다. 경로는 짐실 쉼터~석샘 쉼터~송림길~대산지~안심마을~안심마을 버스정류장이고, 거리는 8.1km, 4시간 정도 걸린다. 임도의 숲길은 오르막이어서 체력소모가 많지만 울창한 송림 사이를 걷는 길이어서 기분이 좋은 코스이다. 이 코스는 송림길이니 더운 여름철 삼림욕을 겸해 느리게 걷기를 권한다.

**5코스 <청도 웃음길>**

경남 창녕군 성산면에서 경북 청도군 풍각면 코미디 철가방극장까지. 안심 버스정류장에서 성산면 대산리를 지나 청도군 풍각면 화산리의 화금

지와 수월리의 상수월 노인회관, 봉식이 놀이터를 지나 코미디 철가방극장에 이르는 길이다. 10.2km의 거리이고 4시간 정도 소요된다.

#### 6코스 <청도 몰래길>

코미디 철가방극장에서 출발하여 성곡지와 902번 국도변에 있는 강정지를 지나 이서면 수야리의 수야 교회까지 10.6km이고 4시간 정도 걸린다. 상수월 마을 입구에 있는 그린투어센터에서 비슬산 둘레길 전체 코스 안내를 받을 수 있고, 성곡지 둘레를 걷거나 경치를 감상할 수 있다. 경로에는 삼국시대 유적지나 웃음 안내판이 있어 걷기길이 한층 더 재미있다.

#### 7코스 <우록 백합나무길>

청도군 이서면 수야2리 경로당에서 달성군 가창면 우록리의 녹동서원에 이르는 길이다. 거리는 10.1km이지만 산길을 걷는 제법 힘든 길이어서 4시간 이상 걸린다. 산꾼들은 아예 이서면과 풍각면의 경계가 되는 대방골산(349m)~홍두깨산(604)m~우미산(636m) 코스로 가서 임도를 따라 목백합 군락지를 감상하고 녹동서원에 이르는 길을 걷기도 한다. 아니면 우미산에서 청산(802m)을 거쳐 최정산(881m), 주암산(854m)으로 종주하기도 한다.

녹동서원은 임진왜란 때 귀화한 왜장 사야가(김충선)을 배향한 서원이다. 우록리은 원래 우미산 자락의 소 굴레를 닮은 마을이어서 우륵동이었으나 김충선이 사슴과 벗하며 함께 노닌다는 뜻에서 우록동(友鹿洞)으로 고쳤다. 마을 안쪽에는 임진왜란 당시 승병과 의병들이 훈련했다는 유서 깊은 남지장사가 있다.

**8코스 <가창 은행나무길>**

가창면 우록리 녹동서원에서 은행나무길, 삼산지 수변공원, 가창초등학교, 가창중학교를 지나 찐빵 골목으로 유명한 가창면 사무소에 이르는 길이다. 30번 지방도인 가창로를 따라 걷는 길로서 거리는 13.2km, 4시간 정도의 걷기길이다. 가창초등학교와 가창중학교 앞의 30번 지방도는 조선시대 부산에서 출발하여 한양에 이르는 영남대로이기도 하다. 스파밸리와 영남최대 에코 테마파크인 힐크레스트를 지나 가창면 사무소에 이른다.

**9코스 <신천물길>**

가창면 사무소에서 신천 물길을 따라 고산골 입구까지 내려와 용두토성을 거쳐 <앞산 자락길>을 통과하여 대덕문화전당까지 10.3km에 이르는 길이다. 고산골 공룡공원, 메타세콰이어길, 맨발 산책로, 은적사, 앞산 케이블카 승강장을 거쳐 낙동강 전승기념관 입구로 내려온다. 9코스의 종착지를 대덕문화전당이라 표시하고 있으나 대덕문화전당에서 멈추지 말고 낙동강 전승기념관으로 내려오면 교통이 편리하다.

**10코스 <앞산자락길>**

남구 대덕문화전당에서 낙동강 전승기념관 삼거리, 매자골 황룡사, 달비골 평안동산, 달서구 청소년 수련관을 지나 도원지(월광수변공원)까지 6.8km 거리이고, 3시간 걸린다. <앞산둘레길>과 겹치는 길이다.

**11코스 <마비정 벽화길>**

도원지에서 삼필봉을 넘어 화원자연휴양림과 마비정 벽화마을을 지나 남평 문씨 세거지인 화원읍 본리리까지 11.4km, 4시간 거리이다. 마비정

(馬飛亭)에는 하루 천리를 달리던 숫말 비무와 천리마 비무를 대신해서 죽은 암말 백희의 슬픈 전설이 있으며 우물과 연리지가 있다. 마비정 벽화마을은 화원읍 출신 이재도 화백이 벽화를 그려 넣으면서, 소문이 퍼져 지금은 달성군의 유명한 관광명소가 되었다. 남평 문씨 세거지는 조선말에 형성된 집성촌락으로 고려시대 목화씨를 가져온 문익점의 후손들이 모여 산다.

비슬산은 신선이 거문고를 타는 모습과 닮아서 비슬산(琵瑟山)이라 부른다. 혹은 수목이 우거진 산이어서 포산(苞山)이라 부르기도 한다. 최고봉은 도성암 윗쪽의 천왕봉(1084m)이고 대견사가 있는 쪽은 조화봉이다. 천왕봉에서 바라보면 유장하게 흘러가는 낙동강의 경치가 절경이다. 비슬산 전역에는 봄이면 철쭉과 진달래가 장관을 이루고, 가을이면 억새가 계절의 정취를 느끼게 한다. 폐사지에 2014년 중창된 대견사의 3층석탑에서 바라보는 일몰은 천하 절경이다. 비슬산 전역에 형성된 암괴류(巖塊流)는 지질학적인 연구 가치가 높다.

삼국유사에 따르면 비슬산은 신라시대에는 정성천왕(靜聖天王)이 머물던 산이라 여겨 숭배의 대상이었다. 정성천왕은 부처가 출현하기 전 가섭불 시대에 1,000명의 성인이 출현할 때까지 성불을 유보한 산신이다. 따라서 비슬산에 정성천왕이 머물고 있다는 믿음은 비슬산을 더욱 신령스럽게 만든다. 소원을 빌면 한 가지 소원은 반드시 들어준다는 믿음이나 환난을 구제한다는 산신 신앙은 용연사, 용문사, 유가사, 용천사, 소재사, 대견사 등 명찰(名刹)의 창건으로 이어졌다. 고려시대에는 일연스님이 35년간 비슬산의 사찰에 주석하며 <삼국유사> 저술의 토대를 마련하였고, 임진왜란으로 불에 탄 용연사는 사명대사의 명으로 중건된 후 통도사에 봉안된 부처 진신사리를 분과하여 모셨다. 삼국유사에 언급된 포산의 두 성인(包山二聖) 이야기뿐만 아니라 주변에 산재한 역사 유적이나 설화는 지금도 비슬산이 우리의 삶을 풍요롭게 하는 약속의 산이며 대구의 미래를 밝히는 산이라는 믿음을 준다.

유가사 주차장 입구에는 삼국유사를 저술한 보각국사 일연 스님의 시비와 2018년 5월 적멸에 든 설악산 신흥사 조실이었던 설악 무산 스님의 <비슬산 가는 길> 시비가 있다.

| | |
|---|---|
| 相過踏月弄雲泉(상과답월농운천) | 달빛 밟고 오가는 구름은 샘물에 어리고 |
| 二老風流幾百年(이노풍류기백년) | 두 성사의 풍류는 몇 백 년이 흘렀던가 |
| 萬壑烟霞餘古木(만학연하여고목) | 안개 자욱한 골짜기에는 고목이 남아 있어 |
| 偃昂寒影尙如迎(언앙한영상여영) | 누웠다가 일어나는 차가운 나무 |
| | 그림자는 아직도 서로를 맞는다. |

보각국사 일연 시비(전면)

琵瑟山 가는 길

설악 무산(조오현)

琵瑟山 굽잇길을 누가 돌아가는 걸까
나무들 세월 벗고 구름 비껴 섰는 골을
푸드득 하늘 가르며 까투리가 나는 걸까

거문고 줄 아니어도 밟고 가면 韻 들릴까
끊일 듯 이어진 길 이어질 듯 끊인 緣을
싸락눈 매운 향기가 옷자락에 지는 걸까

절은 또 먹물 입고 눈을 감고 앉았을까
만첩첩 두루 寂寞 비워둬도 좋을 것을
지금쯤 멧새 한 마리 깃 떨구고 가는 걸까

1

2

1. 비슬산 ©달성군 제공
2. 삼국시대 축성된 초곡산성 ©박진관

1

2

3

4

1. 대견사 ©박진관
2. 유가사 ©박진관
3. 마비정
4. 대견사 3층 석탑 ©달성군 제공

신천
산성산
가창면 주민센터
용지봉
가창지
광덕사
운흥사
용계리
행정리
냉천리
대림샘수
주암산
(배바위)
최정산

17장—최정산 숲길(누리길)

# 셀 수 없었던 그 주검들
# 다 제대로 썩었는지

비슬산에 가려 널리 알려지지 않았지만 최정산은 달성군 가창면이 전원 주택지로 알려지면서 시민들이 즐겨 찾는 산이 되었다. 최정산 주변에 만들어진 <최정산 숲길>은 모두 7구간, 41.5km의 걷기길이다. 전국적으로 누리길 사업이 실시되면서 <최정산 숲길>과 중복되게 만들어진 길이 <최정산 누리길>이다.

1구간: 운흥사~헬기장(3.7km)
2구간: 헬기장~광덕사(5.7km)
3구간: 대구미술광장~최정산 목장(5.6km)
4구간: 헐티재~최정산 목장(7.0km)
5구간: 팔조령~최정산 목장(12.6km)
6구간: 우록경로당~녹동서원(5.1km)
7구간: 녹동서원~바람재(1.8km)

최정산 정상에 가장 쉽게 접근하는 방법은 가창면사무소에서 팔조령 방향으로 30번 지방도인 가창로를 따라가다가 주리(蛛里-뒷산 바위가 거미줄처럼 얽혀있어 붙여진 이름) 진입로에서 승용차로 오르는 길이다. 일반적인 최정산 트레킹은 가창댐 안쪽의 오리(梧里-오동나무가 많아 붙여진 이름)에 있는 운흥사에서 최정산으로 오르는 방법이고, 광덕사, 주암산 기도원, 가창중학교 등지에서 주암산에 올라 최정산으로 접근하는 방법도 있다.

최정산 정상은 지금도 군부대가 주둔하고 있다. 옛날에는 중요 군사 시설이 있어서 민간인 접근을 막았고, 지뢰매설 지역이었다. 정상 부근에는 지뢰매설지역 경고판이 다수 보인다. 정상 주변의 지뢰는 거의 제거되었지만 아직도 미회수 지뢰가 있으므로 최정산 주변에서는 허가된 등산길로만 다녀야 한다. 최정산 정상 헬기장(통신탑)에서 대구시가지가 훤히 내려다보이는 북쪽으로 가면 주암산, 광덕사(혹은 주암산 기도원)를 거쳐 가창댐 입구에 이른다. 6km 정도의 최정산~광덕사 종주길은 대구 시가지, 가창면의 너른 들판, 앞산, 용지봉, 팔공산의 모습을 조망할 수 있어 휴일이면 찾는 사람이 많다.

최정산 목장지역(포니목장 옛터-지도에는 통점령으로 표기되어 있음)에서 남쪽을 향하면 멀리 비슬산 조화봉을 기점으로 천왕봉에 이르는 비슬산의 웅장한 산세가 펼쳐진다. 서쪽으로 내려서면 헐티재, 정대계곡, 조길방가옥, 운흥사, 대구미술광장 등이 있다. 통점령(通店嶺)은 달성군 가창면 주리와 청도군 각북면 지슬리 통점마을을 잇는 재로서 청산재 혹은 지슬재로 부르기도 한다. 이 지역은 넓은 고산분지와 고산습지가 펼쳐지고 찾는 사람이 적어 지금도 건강한 자연생태계가 유지되고 있다. 하지만 최근에는 달성군에서 고산습지를 관통하는 자전거 종주길과 산책 데크를 만들고 있어 생태계 파괴가 우려된다.

통점령에서 표지판을 따라 동쪽으로 방향을 잡으면 청산, 우미산, 삼성산, 팔조령으로 가는 <대구둘레길> 혹은 <9산종주길>과 겹친다. 통점령에서 청산(802m)까지의 2km 구간은 편한 걷기길이다. 청산 가는 길은 걷기길이 조성되어 지금은 걷기가 편하지만 10여 년 전까지만 해도 주변에 발달한 고산습지 때문에 질퍽질퍽한 진흙탕 길이었다. 청산에서 팔조령으로 가는 길 중간에서 <비슬지맥>, <대구둘레길>, <9산 종주길>, <비슬산 둘레길>, 청도군 각북면 <홍두깨산 가는 길> 등이 갈라진다.

청산에서 팔조령으로 가는 길 중간지점에서 두 개의 임도를 만난다. 하나는 우록리 버스 종점에서 청도군 각북면 지슬리로 가는 임도(우록리 버스 종점에서 지슬리까지 10km)이고, 하나는 우록리 버스 종점에서 청도군 이서면 수야리로 가는 임도(비슬산 둘레길 제7구간, 백합나무길)이다. 임도의 진입로는 아는 사람이 적어 호젓한 드라이브 코스로 유명하다. 특히 각북면 지슬리로 넘어가는 임도는 한적하고 깊은 산속을 지나는 기분 좋은 드라이브 코스이다. 임도를 넘어가면 지슬리의 청도성당 지슬공소가 나온다.

최정산 숲길의 모든 구간은 등산길이 편하고 아직 많이 알려진 길이 아니어서 번잡한 것을 싫어하는 등산 마니아들이 자주 찾는다. 또한 이 길은 그날의 컨디션에 따라 편하게 등산 거리를 줄이거나 늘릴 수 있는 장점이 있다. 교통편이 허락되면 인적 드문 홍두깨산(604m), 대발골산을 거쳐 청도군 풍각면으로 내려갈 수도 있다. 구간 구간마다 대구시가지, 가창면 전역, 비슬산~앞산 줄기, 청도군 각북면, 풍각면, 이서면 지역을 조망할 수 있고, 목장지역(통점령)에는 봄에는 연분홍빛 진달래, 여름에는 자욱하게 피어오르는 운무, 가을에는 어른 키보다 높게 자라는 억새, 겨울에는 광활한 설경이 펼쳐져 최정산 등산길을 더욱 장관으로 만든다.

미나리 재배로 유명한 가창면 정대리 주민들은 교통이 불편하던 옛날에는 서쪽 재(정대재)를 넘어 화원장을 보러 다녔는데, 재를 넘으면 화원읍 본리리 마비정 벽화마을로 가게 된다. 가창면 용계리의 가창댐 둑에는 가창 수변공원이 조성되어 있고, 가창 수변공원에서 산길을 따라 달비고개를 넘으면 평안동산과 달서구 청소년 수련관을 거쳐 월광 수변공원(도원지)에 이르게 된다.

## 최정산 숲길(누리길)에 얽힌 이야기

최정산(905m)의 산세는 비슬산 주봉에서 헐티재를 지나 비슬지맥을 따라 팔조령 방향으로 이어지고, 북쪽으로는 주암산(847m)을 따라 가창댐 입구까지 뻗어 있다. 최정산 서쪽 사면을 따라 흐르는 물은 정대계곡을 따라 흐르는 물과 합쳐져 용계천을 이루며 가창댐의 수원이 된다. 최정산 정상에는 수십만 평의 고원지대가 펼쳐져 강원도 대관령과 비슷한 모습이고, 고산습지도 있다. 산자락에는 가창댐, 운흥사, 광덕사, 남지장사, 녹동서원, 조길방가옥, 대구미술광장 등 볼만한 곳이 많다. 승용차로 접근 가능하여 주말에는 가족단위의 여행객이 몰린다. 또한 산세가 비슬산과 비슷하여 수없이 많은 걷기길이 만들어져 있으며, 주변 경치와 어우러져 멋진 트레킹 코스를 제공한다. 멀리 낙동정맥에서 분기한 <비슬지맥>, 비슬산 주변에 만들어진 <비슬산 둘레길>, 대구시 경계를 따라가는 <대구둘레길>, 9개의 봉우리를 종주하는 <9산 종주길> 등이 최정산 자락을 지나고 있으며, 달성군에서 조성한 <최정산 숲길(누리길)>, <가창누리길>은 최정산 주변의 대표적인 걷기길이다.

대구시 수성구 파동에서 신천을 따라 가창면사무소 앞의 찐빵골목을 지나면 가창댐이 있다. 홍수기에 신천이 범람하여 시가지가 자주 물바다가 되었는데 이를 막기 위해 1959년 가창댐이 만들어졌다. 비슬산과 최정산 사이의 정대계곡을 지나 용계천을 흐르는 물과 신천 상류의 물은 차고 맑아 냉천(冷泉) 혹은 한천(寒泉)이란 지명을 남겼고, 가창저수지는 대구시의 상수도원이 되고 있다. 저수지를 따라 벚꽃이 피어나고, 깨끗한 수면 위에 주암산과 달비골 산 그림자가 비치면 가창댐의 눈부신 경치가 돋보인다. 하지만 이곳에는 슬픈 역사가 있다.

가창댐 주변은 1950년 7월 한 달 동안 1만여 명의 민간인이 학살된 곳이다. 6.25로 낙동강까지 후퇴한 이승만 정부는 전세가 불리하자 대구형무소에 수감된 1946년 대구 10월 항쟁 관련자, 1948년 제주 4.3항쟁 관련자, 국민보도연맹원들을 집단 학살했다. 대구형무소의 수감자들은 가창댐, 경산 코발트 광산, 칠곡 신동재 등지로 끌려가 학살되었다. 전형적인 국가권력에 의한 민간인 학살인 셈이다. 가창댐 주변에서 학살된 민간인만 1만 명이 넘는다는 <진실·화해를 위한 과거사 정리 위원회>의 발표가 있었다. 1950년 7월 가창대학살과 1950년 10월 황해도 신천대학살(3만 5천으로 추정)은 전형적인 국가권력에 의한 민간인 학살로 규정되고 있으며 우리 역사의 아픈 기억으로 남아 있다. 가창면에 거주하는 시인 이하석의 <천둥의 뿌리>는 가창계곡에서 전쟁 전·후에 자행된 민간인 학살에 대한 죽음의 기억을 담은 시집이다. 이 시집은 억울하게 죽은 이들을 세상 밖으로 불러내어 궁극적으로 원혼들의 해원과 상생을 기원한다.

중석광산골

이하석

이쯤 또는 저쯤,
금기와 욕망의 거리 사이에서
나무들이 솟아납니다.
죽음의 기억이 무성해지는 게지요.

학살이 왜 그렇게 유행했던가요?
이마 빛나던 혁명가도, 한 노래로 농사짓던 아비도, 안으로만 제 몸 짓뭉개던 예술가도, 바깥 꿈꾸던 아나키스트들도, 권력에 자를 들이대던 노동자들도
모두 한 구렁에 처넣어져버렸습니다.
셀 수 없었던 그 주검들 다 제대로 썩었는지
아직 백골이나마 남은 게 있는지
70년이 되어가도록 끊임없이
그 기운 물과 함께 전신 타고 오르는지

나무들이 해마다 더 독하게 푸르러집니다.

가을로 접어들어서야
나무들은
우거진 침묵의
마음
색색으로 풀어서
드러냅니다.
제 독기
수줍게 벼리지 못해
온 마음의 갈피들
붉게 노랗게 물들여선
바람에 실어
버립니다.

내년 봄이면 더 새파랗게 돋아날 텐데도.

대구 최정산은 서울 우면산, 인천 문학산, 성남 남한산성 등지와 함께 남북한 분단 상황에서 만들어진 지뢰매설지역 중 하나이다. 최정산 정상에도 미사일 발사대가 설치되었는데 군사시설과 옛날 군부대 주변에는 지금도 지뢰지역임을 표시한 경고판이 남아 있다. 주변의 지뢰가 완전하게 제거되지 않았다는 의미이다. 최정산을 비롯한 남한 전역에는 아직도 100만 발 이상의 제거하지 못한 지뢰가 있다고 하니, "길 없는 길"을 다니는 산꾼들은 항상 조심해야 한다.

가창면 우록리에 있는 남지장사는 1300여 년 전에 창건된 지장보살을 모신 사찰이다. 남지장사는 동구 공산동 팔공산 기슭에 있는 북지장사와 대칭되는 사찰로서, 북지장사와 남지장사 사이에 있는 대구지역이 지장신앙의 근거지임을 추측케 한다. 지장신앙은 말법시대(末法時代)의 어려움을 지장보살의 원력이나 청정행(淸淨行)의 실천으로 극복할 수 있다는 믿음이다. 자리이타(自利利他)를 목표로 하여 자비(慈悲)의 실천으로 사회질서 확립을 기원한다. 남지장사는 임진왜란 당시 사명대사가 지휘하던 승병과 의병장 우배순이 이끄는 의병을 훈련한 역사적인 장소이기도 하다. 왜군의 방화로 소실되었다가 임란 후에 중창되었다. 남지장사 아래 우록리에 있는 녹동서원은 임진왜란 때 귀화한 왜장 김충선을 모신 곳이고, 서원 앞에는 <한일교류우호관>이 있다. 녹동서원에서 우미산 방향으로 <비슬산둘레길> 제7코스가 펼쳐지고, 7코스는 목백합이 아름다워 <우록 백합나무길>이라 명명되었다.

가창면 오리의 운흥사는 1200년 된 신라시대의 사찰이고, 운흥사 뒤편 700m 지점에는 조선국권회복단을 결성하여 활동한 정운일(鄭雲馹) 선생 묘소가 있다. 윤상태, 서상일, 이시영, 정운일 등이 1915년 앞산 안일암에서 결성한 조선국권회복단은 3.1운동에도 적극 참여하였고, 항일무장투쟁으로 활동의 폭을 넓혀간 대구지역의 대표적인 항일운동 조직이었다.

정상의 바위가 배를 닮아서 이름 붙여진 주암산(배바위)은 기독교도들의 기도처로 유명하다. 구약성경에 언급된 노아의 방주가 바로 배바위라는 믿음으로 주암산 정상 부근에는 움막을 짓고 밤새워 기도하는 기독교도들이 많다. 주암산에서 가창면 냉천리 쪽으로 하산하면 주암산 기도원이 있고 냉천리 곰실(굼실)들과 곰실댁(의성김씨 종택지)매화들은 행정리 초입에 있다

가창면 정대리에 있는 달성조길방가옥(達城趙吉芳家屋)은 200여 년

된 초가집으로 강원도 삼척의 너와집과 함께 주요민속자료로 보존되고 있다. 길을 따라 내려가면 나오는 대구미술광장은 대구지역의 신진 미술 작가들을 위한 창작 공간이다. 미술 작가들의 작업지원, 전시, 국제교류를 위해 2001년 건립하였다.

1

2

3

4

1. 청산에서 바라본 최정산
2. 운흥사 ©달성군 제공
3. 가창댐 ©박진관
4. 남지장사

용지봉
행정리
안박실
허브힐즈
대구 스파밸리
밀골
병풍산
냉천리
신
천
한천서원
박곡서당
비내고개

18장—가창 누리길

# 유학의 도가
# 동쪽으로 와 꽃피운 땅

가창면은 서쪽으로 비슬산, 최정산이, 동쪽으로 동학산, 상원산이 에워싸고 있는 좁고 깊은 협곡이다. 이 협곡을 따라 팔조령에서 수성구 파동으로 신천이 흐르고, 신천을 따라 좁은 평야지대가 형성되어 있다. 신천 상류의 물은 차고 맑아 지금도 냉천(冷泉) 혹은 한천(寒泉)이란 지명을 남기고 있다. 최정산의 힘찬 기운과 신천의 맑은 계곡이 어우러진 가창면은 전원주택지로 인기가 높다. 가창댐에서 헐티재로 가는 오리, 정대리는 말할 것도 없고, 수성구 파동에서 팔조령으로 가는 가창로(嘉昌路) 좌우의 냉천리, 행정리, 상원리, 단산리, 대일리, 삼산리, 옥분리, 주리, 우록리 등에는 골짜기마다 전원주택과 식당이 즐비하다.

2012년 달성군은 가창면 평야지대에 3구간 총 24.8km의 걷기길을 조성하여 <달성가창누리길>이라 명명했다. 자연을 훼손하지 않고 친환경 산책로로 조성된 <달성가창누리길> 3구간의 경로와 거리, 시간은 다음과 같다.

1구간(5.5km/1시간 반): 단산리 마을회관~단산지~상원지~가제골 회관~서상원리 마을회관~전평지

2구간(7.7km/2시간): 가창체육공원~전평지~천연염색장~가창체육공원

3구간(11.6km/4시간): 행정교~행정2리 마을회관~서당골 못~용지봉 안부~감태봉~광산고개~병풍산~비내고개~상원리~한천서원~행정교

1구간과 2구간은 마을길과 들길을 따라 가족이 함께 걸을 수 있는 편안한 길이다. 마을회관이나 저수지, 체육공원 등이 있으므로 가창면의 풍속이나 생활상을 엿볼 수 있다. 3구간은 코스가 길고, 용지봉, 감태봉, 병풍산을 오르내리는 험한 길이어서 출발 전에 본격적인 트레킹 준비를 해야 한다.

## 가창누리길에 얽힌 이야기

대구지역에는 최초의 서원인 무태의 연경서원과 유서 깊은 도동서원 외에도 24개의 서원이 있는데 그중에서 절반이 넘는 서원이 달성군에 있다. 향교가 공립교육기관인데 반해 서원은 강학과 제향의 기능을 가진 현재의 사립학교와 같은 기능을 했으므로, 조선시대에는 달성군이 대구지역의 문화와 학술을 선도하는 곳이었다는 말은 과장이 아니다. 당시 영남의 선비들은 임진왜란 때는 의병장으로 활동하였고, 평소에는 백성들의 아픔을 함께 나누던 노블레스 오블리주를 실천했다. 계동 전경창의 제자인 정사철, 서사원, 손처눌, 곽재겸, 정광천, 이주, 곽재우 등 대구지역의 선비들은 높은 사회적인 신분에 상응하는 도덕적인 의무를 다했기에 항상 존경의 대상이었다. 달성군을 대구의 뿌리라고 부르는 것도 이러한 서원 중심의 문화가 달성군 지역에 널리 퍼져 있어서 정신문화의 토양이 그만큼 풍요로웠기 때문이다. 달성군 구지면의 도동서원(道東書院)은 한훤당 김굉필을 배향한 서원이다. 16세기 중반 한강과 퇴계가 정몽주, 길재, 김종직의 학맥을 잇는 김굉필을 도동서원에 배향하고 유학의 도가 동쪽으로 왔다고 해서 도동서원이 되었다.

김굉필은 김종직에게 배우고 정암 조광조에게 학문을 전수한 기호사림파의 주축인물이다. 낙동강변의 이노정(二老亭)도 김굉필과 정여창이 무오사화로 낙향하여 후학에게 강학한 것을 기리기 위해 건립되었다. 그 외에도 달성군에는 화원의 인흥서원, 다사의 이강, 용호서원, 하빈의 낙빈서원, 현풍의 이양, 암곡서원, 유가의 예연서원, 구지의 도동, 화산, 송담서원, 가창의 녹동, 한천서원이 있다. 교육기관이지만 추모와 제향의 기능을 가진 서당(승호, 금암, 남계서당)을 합하면 숫자는 더 많아진다.

가창면 행정리에 있는 한천서원(寒泉書院)은 927년 고려 태조 왕건을 도와 동수전투에서 신숭겸, 김락 장군과 함께 전사하여 고려 개국공신으로 추서된 전이갑(全以甲), 전의갑(全義甲) 형제를 배향한 서원이다. 한천서원은 정선(旌善) 전씨에서 분적한 옥산(玉山) 전씨 문중이 조선 후기에 건립하였다.

기원전 18년, 고구려 동명왕의 아들 온조(溫祚)는 따르는 신하 10명과 함께 십제(十濟-후에 百濟)를 건국했다. 정선 전씨의 도시조(都始祖)인 전섭(全聶)은 십제공신(十濟功臣) 중 한 명이다. 옥산(현재의 경산) 전씨의 시조는 도시조 전섭의 27세손인 전영령(全永齡)이다. 조선중기 문신이자 대구지역 성리학의 선구자인 옥산인 전경창(全慶昌)은 가창면 용계리 동쪽(신천 동쪽-현재의 수성구 파동)에 살았기에 호를 계동(溪東)이라 하였다. 전경창, 채응린, 정사철의 제자들이 임진왜란 때에는 대구지역의 의병장으로 활동하였고, 왜란 후에는 17세기 대구 성리학의 르네상스를 꽃 피웠다. 전경창, 이숙량이 대구 최초의 서원인 연경서원 건립을 주도하였고, 전경창의 제자들이 의병장으로 활동하였다. 이숙량은 임진왜란 당시에 고령임에도 불구하고 진주성 전투에서 전사했다.

한천서원은 강당과 사당 사이에 담장을 설치한 특이한 구조로 되어 있고, 강당 앞에 있는 거대한 고인돌과 수령 800년의 은행나무가 눈길을 끈다. 가창면 우록리의 녹동서원은 임진왜란 초기에 귀화하여 전공을 세운 왜장 김충선을 배향한 서원이다. 한천서원과 녹동서원을 잘 정비하여 가창면의 관광자원으로 개발한다면 대구문화의 뿌리 찾기에도 많은 도움이 되리라 생각한다.

청도군 이서면에서 달성군 가창면 삼산리로 넘던 재를 팔조령이라 하며 조선시대에는 영남대로가 통과하던 교통의 요지였다. 옛날에는 짐승과 산적이 자주 출몰하여 8명이 되어야 서로 도와가며 재를 넘는 고개라서 팔조령(八助嶺)이라 부른다. 영남대로는 조선 초기에 만들어져 정치,

문화, 군사적으로 중요한 역할을 했던 길이다. 부산을 출발하여 삼랑진, 밀양, 청도군 화양읍~이서면~팔조령~가창로(嘉昌路)~대구읍성~팔달나루터를 지나 한양으로 가던 천리 길이었다.

전남 해남군 북평면 이진리를 출발하여 나주, 전주, 천안삼거리를 지나 한양에 이르던 삼남대로와 함께 영남대로는 조선의 대표적인 간선도로였다. 전라도 지역은 이미 오래전부터 삼남대로를 따라 걷기길을 조성하여 많은 도보여행자들이 탐방과 순례를 하고 있다. 경상도 지역의 지자체도 옛사람들의 애환이 서린 영남대로를 복원하여 역사, 지리, 환경, 문화적으로 온고지신(溫故知新)하려는 탐방객이 즐겨 찾는 걷기길로 만들면 좋을 것이다. 영남대로가 새롭게 조성되면 올레길, 해파랑길, 둘레길, 종주길보다 문화 컨텐츠와 스토리가 더욱 풍부한 명품 걷기길이 되지 않을까?

한국마사회 대구지사(TV경마 중계센터)가 가창면 냉천리에 있다. 농부는 씨 뿌린 대로 거두고, 장사치는 10배를 남기고, 정치인은 100배를 기대한다고 한다. 인간에게는 태어날 때부터 도박본능이 있기에 선거철이 되면 우후죽순처럼 정치지망생이 몰리고, 경마장 주변에는 도박꾼들이 넘쳐난다. 냉천리 TV경마장에는 주말이면 정선 카지노를 연상시킬 만큼 많은 사람들이 일확천금을 노리며 말 먹이를 주러 모인다(마권을 사는 것을 말밥을 준다고 한다). 주변에는 전당포가 있어 타고 온 승용차도 저당 잡히고 쪽박을 찬 도박중독자들이 삼삼오오 모여 신세타령을 하기도 한다.

가창면은 대구시 달성군 동부에 위치하며 달성군에서 가장 넓은 면적을 차지한다. 달성군 전 지역은 낙동강을 끼고 있어서 넓은 충적평야가 발달해 있지만, 가창면은 거의 산지로 이루어져 있다. 남쪽으로 팔조령 터널을 지나면 청도군 이서면이고, 동쪽에는 상원산, 동학산, 병풍산을 경계로 경산시 남천면과 연결되어 있으며, 북쪽에는 신천을 따라 수성구 파동과 접하고 있다. 교통이 불편하던 옛날에 정대리는 화원읍과 같은 생활권이었고, 삼산리, 우록리는 청도와 같은 생활권이었다. 그러나 신천대로가 건설되면서 가창면 전 지역은 대구시 수성구와 같은 생활권을 형성하게 되었다.

최정산 주변으로 스파밸리, 힐크레스트, 녹동서원, 남지장사, 운흥사, 대구미술광장, 조길방가옥, 가창댐, 한천서원 등의 관광명소가 있다. 가창면 사무소는 용계리에 있고, 면사무소 앞에는 찐빵골목이 형성되어 있다. 가창찐빵은 강원도 횡성군 안흥면에서 생산되는 안흥찐빵보다 맛있다는 평가를 받고 있다. 용계리에는 대한중석 달성광산이 있었다. 제1광산인 상원리에서 채광한 광석물들을 삭도(케이블카)로 연결하여(5km) 용계리 제2광산으로 이동시켜 중석을 제련하였다. 대한중석 달성광산은 2015년 5월 100년의 역사를 남기고 사라졌다. 지금 이스라엘 금속기업인 MC그룹에 매각된 후 대구텍으로 바뀌었다.

조선시대 부산에서 한양으로 가던 영남대로의 교통요지였던 가창면에는 팔공산 지역만큼 걷기길이 많다. <비슬지맥>, <9산종주길>, <비슬산둘레길>, <대구둘레길> 등이 가창면이나 경계선을 따라 만들어져 있고, 최정산 둘레에는 <최정산 누리길>이 있다. 주위의 산지 사이에 형성된 좁은 평야지대(신천 상류지점)에는 <가창누리길>이 만들어져 가창면의 속살과 가창면민들의 생활상을 잘 보여준다.

1

2

1. 도동서원 전경 ©달성군 제공
2. 도동서원 은행나무

1

2

3

4

1. 가창 누리길
2. 가창 누리길 전경
3. 팔조령 ©달성군 제공
4. 한천서원

산성산
4.0
5.0Km
달비고개
가창호
삼필봉
청룡산
11Km
용연사
정대리
6.6Km
지슬리
헐티재
7.4K
4.4Km
비슬산

# 산첩첩 두루 적막
# 비워 둬도 좋은 것을

대구에는 전문 산꾼, 산악마라톤 마니아, 산악자전거 라이더들이 즐겨 찾는 <9산 종주길>이 있다. 10여 년 전까지만 해도 희미한 산길을 따라 걷는 <9산 종주길>은 산짐승을 자주 만날 수 있는 길이었고, 하루 종일 다녀도 사람을 만날 수 없는 한적한 길이었다. 하지만 산악 마라토너가 증가하고 산악자전거가 널리 보급되면서 전국의 마니아들이 <9산 종주길>에 모여들었고, 지금은 전국 산악마라톤, 전국 산악자전거 대회가 개최되는 전국적으로 유명한 길이 되었다. 사람이 많이 다녀 제법 반듯한 등산길을 따라 자신만의 기록을 위해 <9산 종주길>을 트레킹하는 사람들도 많아졌다.

<9산 종주길>은 9개의 산(성암산, 병풍산, 동학산, 상원산, 삼성산, 비슬산, 청룡산, 산성산, 용지봉)을 통과하기에 붙여진 이름으로 총연장 80km, 30시간 정도 소요되는 걷기길이다. 모두 걷는데 4일 정도 걸리고, 출발지와 도착지는 수성구 월드컵경기장이다. 총 30시간 정도 소요되는 종주길이므로 편의상 다음과 같이 4번에 나누어 종주하는 것이 좋다.

1구간: 수성구 월드컵 경기장(대구스타디움)~욱수골~경산 성암산~박씨재실~광산고개~병풍산~상원산~가창면 팔조령, 24km

2구간: 가창면 팔조령~삼성산~우미산~청산~통점령(청산벌)~헐티재(가창면 정대리), 19km

3구간: 헐티재~비슬산~수밭재~청룡산~달비고개~산성산~가창면 용계리, 25km

4구간: 가창면 용계리~용지봉~진밭골~청계사~내관지~월드컵 경기장 자동차극장~수성구 월드컵 경기장(대구 스타디움), 12km

### 1구간(월드컵 경기장~팔조령)

출발지는 수성구 월드컵경기장이나 덕원고등학교이다. 욱수골로 진입하여 경산 성암산(469m)으로 방향을 잡는다. 성암산까지는 기분 좋은 산길이다. 성암산 정상에서 경산시가지와 압량벌을 조망한 후 서쪽 능선을 따라 용지봉 방향으로 진행한다. 박씨 재실을 지나 진밭골 갈림길 직전에 감태봉 갈림길(광산고개 표지판)에서 병풍산(428m)으로 방향을 틀어야 한다. 감태봉 갈림길에서 병풍산까지는 300m 정도인데, 광산고개에서 병풍산으로 방향을 잡고 왼쪽으로 진입하는 것이 중요하다. 광산고개는 옛날 대한중석 광산 노동자들이 넘던 고개인 데서 붙여진 이름이다.

비내고개에서 동학산(603m), 상원산(673m), 팔조령으로 가는 길은 가창면과 경산시 남천면의 경치를 조망할 수 있는 산길과 아름다운 임도이다. 동학산(動鶴山, 603m)은 가창면과 경산시 남천면의 경계가 되는 산으로 학이 날아가는 형국이어서 동학산이라 부른다. 신라시대 혜공스님은 학이 날아가지 못하게 학의 부리에 해당하는 남천면 산전리(山田里)에 비보사찰인 경흥사(慶興寺)를 지었고, 학이 날아가지 못하게 앞산에 병풍을 쳤으니 병풍산이라 부른다. 가창면 상원리 마을회관이나 경산시 남천면 경흥사에서 차로 오를 수 있는 비내고개는 산전임도가 있고, <가창누리길>과 겹치는 고개이다. 비내고개에서 경산공원묘지까지 10km가 넘는 산전임도가 있으며 자전거 라이더들이 즐겨 찾는 길이다.

상원산(上院山, 673m)은 가창면과 청도군 이서면의 경계가 되는 산으로 상원리 마을 이름에서 유래한다. 상원리는 고려시대 교통의 요지로서 교통과 숙박시설이 있던 원(院)이 있어서 붙여진 이름이다. 상원산 정상지역은 1990년대 초까지 미군부대 통신시설과 헬기장이 있었다. 지금도 한미상호방위조약으로 민간인은 출입할 수 없는 출입제한 구역이다. 하지만 통신대 철조망 왼쪽 옆길로 오르면 정상석이 있는 상원산 정상에 오를 수 있다.

월드컵경기장에서 성암산까지 5.6km, 성암산에서 병풍산까지 5.2km, 병풍산에서 상원산까지 9.8km, 상원산에서 팔조령까지 3.4km, 총 24km이다.

**2구간(팔조령~헐티재)**

팔조령은 달성군 가창면에서 청도군 이서면으로 넘던 고개로서 조선시대에는 <영남대로>가 지나던 교통의 요지였다. 지금은 터널이 개통되어 팔조령을 넘는 차량이 적지만 아직도 정상에는 휴게소가 남아 있고, 휴게소 뒤편이 2코스 산행 들머리이다. 팔조령에서 삼성산(668m)까지는 오르내림이 심한 산악구간이다. 삼성산에서 우미산 옆의 밤티재(가창면 우록리에서 청도군 각북면 지슬리로 넘는 고개)를 지나고, 지봉(694m), 백록갈림길, 청산(802m)을 통과하면 최정산 고산습지인 통점령(최정산 목장지역)에 이른다. 통점령은 통점마을이 없어졌기에 청산벌로도 불린다. 습지가 발달한 넓은 고산 평지인 청산벌에서 표지판을 따라 731봉, 671봉, 590봉, 신뱅이산(686m), 조리봉(676m)를 지나면 헐티재에 이른다. 헐티재는 가창면 정대리에서 청도군 각북면으로 넘어가는 재이다. 2구간은 <비슬지맥>, <비슬산 둘레길>, <최정산 누리길>, <대구 둘레길> 등과 겹치지만 표지판이 잘 정비되어 길 찾기는 비교적 쉽다. 조길방가옥이나 대구미술광장으로 내려가는 분기점을 조심해야 한다.

팔조령에서 삼성산까지 5.1km, 삼성산에서 통점령까지 7.4km, 통점령에서 헐티재까지 6.6km, 총 19.1km이다.

**3구간(헐티재~가창댐)**

헐티재에서 비슬산 정상까지는 계속 오르막길이다. 헐티재에서 각북면

쪽으로 아스팔트 길을 따라 내려가 용천사(湧泉寺)에서 비슬산을 오르는 것도 좋은 방법이다. 용천사에서 비슬산으로 오르는 길은 달성군에서 걷기길로 개발 중에 있다. 중턱까지는 비교적 오르기가 쉽다. 용천사는 신라시대 의상대사가 창건한 화엄 10찰의 하나로 유서 깊은 사찰인데 맑고 풍부한 석간수(石間水)가 끊임없이 용솟음쳐 용천사라 한다.

화엄10찰은 태백산 부석사(浮石寺), 원주 비마라사(毘摩羅寺), 가야산 해인사(海印寺), 비슬산 옥천사(玉泉寺), 금정산 범어사(梵魚寺), 지리산 화엄사(華嚴寺), 팔공산 미리사(美理寺), 계룡산 갑사(甲寺), 웅주 가야협 보원사(普願寺), 삼각산 청담사(青潭寺)이고, 대구지역에는 팔공산 미리사와 비슬산 옥천사(용천사)가 있다. 화엄10찰은 의상대사의 화엄사상을 널리 알리는 데 중요한 역할을 하였다. 용천사에는 수없이 많은 도인이 출현하여 화엄세상을 만든다는 이야기가 전해진다. 1,000명의 성인이 출현할 때까지 성불을 유보한 비슬산 산신인 정성천왕(靜聖天王) 설화와 맥을 같이 하고 있다.

용천사에서 비슬산 정상인 천왕봉까지는 약 4km이고, 비슬산 천왕봉(1084m)에서 고도를 낮춰가며 편안한 능선 길을 10km 정도 북쪽으로(대구 쪽으로) 전진하면 수밭재에 이른다. 중간에 용연사 갈림길, 용문사 갈림길을 만나는데 좌우 갈림길을 무시하고 진행방향으로 계속 직진해야 한다. 수밭재는 도원지 안쪽 수밭 마을의 재인데, 삼필봉이나 기내미재, 정대계곡 등으로 분기하는 많은 갈림길이 있다. 수밭재에서 청룡산(794m)까지는 1.1km이고 이 구간은 배바위를 통과하는 암릉 구간이다. 청룡산은 주변에서 가장 높은 산이어서 전망이 좋고 낙동강의 흐름과 함께 달서구 전역이 조망되는 산이다.

청룡산에서 호젓한 산길을 따라 4.5km 진행하면 달비고개에 도착하고, 여기에서 500m를 오르면 산성산이다. 이 구간은 <앞산 자락길>,

<비슬산 둘레길>과 겹친다. 남구청에서 해맞이, 달맞이 행사를 하는 산성산(653m)에서 통신탑 옆길을 따라 가창면 용계리 쪽으로 방향을 바꿔 하산하면 가창댐이나 가창면 사무소 앞의 찐방 골목이 나온다.

헐티재에서 비슬산 4.4km, 비슬산에서 청룡산까지 11.6km, 청룡산에서 산성산까지 5.0km, 산성산에서 용계리 가창댐까지 4.0km, 총 25km이다.

**4구간(가창면 용계리~월드컵 경기장)**

가창댐 주변은 1950년 7월 10,000명이 넘는 민간인이 학살된 현장이다. 파동교를 건너면 계동 전경창(全慶昌)의 재실인 무동재(武洞齋)가 있다. 무동재에서 법니산으로 접근하여 용지봉에 이른다. 용계리 쪽에서 용지봉을 오르는 여러 길이 있지만, 냉천리 방향으로 대구텍, 중석아파트를 지나 한천교에서 잉어등(행정리 임도)으로 오르는 길을 추천한다. 가창면 행정리를 조망하며 체화당 지나 체화당을 지나 임도를 따라가면 법니산, 배드민턴장, 산불감시초소를 지나 용지봉(629m)에 이른다(잉어등~용지봉 3.6km). 경치가 제법 좋고 승천한 용의 전설이 전해지는 용지봉에서 동쪽 임도를 따라 고도를 낮추면 진밭골(고산습지가 발달하여 비가 오면 질퍽하다고 해서 진밭골이라 한다) 갈림길에 도착한다. 그리고 길은 욱수정, 만보정, 청계사, 내관지, 자동차극장을 지나서 월드컵경기장에 이른다. 욱수정에서 욱수골로 내려가면 솔밭정, 봉암누리길을 지나 덕원고등학교로 간다. 만보정에서 오른쪽 임도를 따라가면 욱수골로 내려가고, 왼쪽 임도를 따라 대덕산으로 가면 청계사 갈림길에 이른다. 청계사는 최근에 창건된 사찰이지만 강원도 모처에서 옮겨온 것으로 추정되는 고려시대 비로자나불(毗盧遮那佛, 혹은 寂光佛)이 유명하다. 비로자나불은 화엄 삼신불의 하나로서 법신불(法身佛)이고 진리를 상징한다.

용계리에서 용지봉까지 3.8km, 용지봉에서 청계사까지 5.9km, 청계사에서 월드컵 경기장까지 2.2km, 총 11.9km이다.

## 9산 종주길에 얽힌 이야기

백두대간 걷기는 백두산 장군봉에서 지리산 천왕봉까지 1400km 정도이고 접속구간을 포함하면 2000km 정도에 이르는 긴 능선길 걷기를 말한다. 백두대간의 남쪽구간은 지리산 천왕봉에서 강원도 고성 향로봉까지 도상거리는 700km 정도이지만 접속구간을 포함하면 1000km 정도의 종주길이다. 전국에는 백두대간을 포함하여 100여 개의 정맥, 지맥(100km 이상) 걷기길이 있고, 단맥(30km 이상), 여맥(10km 이상)을 포함하면 그 숫자는 더욱 많아진다. 100여 개의 대간, 정맥, 지맥은 일반적으로 100km가 넘는 걷기길이다.

한반도 동서종주길(515km)과 대도시 주변의 산이나 명산 둘레길을 포함하면 전국에 200여개 정도의 종주길과 둘레길이 있다. 서울에는 <북한산 둘레길>, <서울 둘레길>, <성곽 둘레길> 등이 있고, 서울시 경계를 크게 돌아가는 <55산 종주길> 등이 있다. 대구에도 <팔공산 종주길>, <팔공산 환종주길(둘레길)>, <대구 둘레길>, <비슬산 둘레길>, <9산 종주길>, <강북 9산 종주길(금호분기점~소야재~가팔환초~신서지, 65km)> 등이 있어서 산꾼들의 종주 목표가 되고 있다. 이러한 종주길은 일반적으로 오래전부터 산꾼들에 의해 만들어지거나 종주되고 있는 길이고, 지금은 지방자치단체가 만든 걷기길과 일부구간이 겹치기도 한다.

<9산 종주길>을 포함하여 산악 종주는 오랜 시간 장거리를 걸어야 하므로 떠나기 전에 체력강화 훈련을 해야 한다. 또한 종주길에 대한 정

확한 정보를 습득한 후 구간마다 주의할 점을 파악해야 하며, 필요 물품을 철저하게 준비해야 한다. 위급상황에 대처하는 방법이나 예상하지 못한 상황이 발생할 경우 탈출할 수 있는 중간 탈출로를 알아두는 것도 중요하다. 교통편 제공이나 위급 상황에 도와줄 옵서버(참관인, 후견인)가 있으면 더욱 좋다.

울트라 산악마라톤이나 산악자전거 마니아들이 점점 늘어가고 있다. 자신의 체력을 단련하기 위한 노력은 높게 평가하지만, 산악마라톤이나 산악자전거는 후유증이 많이 발생하는 운동이다. 산악 마라토너들은 관절을, 산악자전거 라이더는 전립선 이상이나 돌발 사고를 조심해야 한다. 일반적인 등산이나 트레킹도 관절을 보호하기 위해 스틱 사용을 권장하고, 준비운동을 철저히 하여 돌발 상황을 예방하는 등 각종 비상사태에 대비하는 자세가 중요하다. <9산 종주길>은 총 80km에 이르는 등산길이다. 체력을 비축하고 산행 경로를 꼼꼼히 살피며, 철저한 계획을 세워 도전해야 한다.

1

2

1. 광산고개
2. 동학산 경흥사

1

2

3

4

1. 비슬산 참꽃 ©박진관
2. 화엄 10대 사찰인 용천사
3. 최정산 통점령 억새군락지
4. 청계사

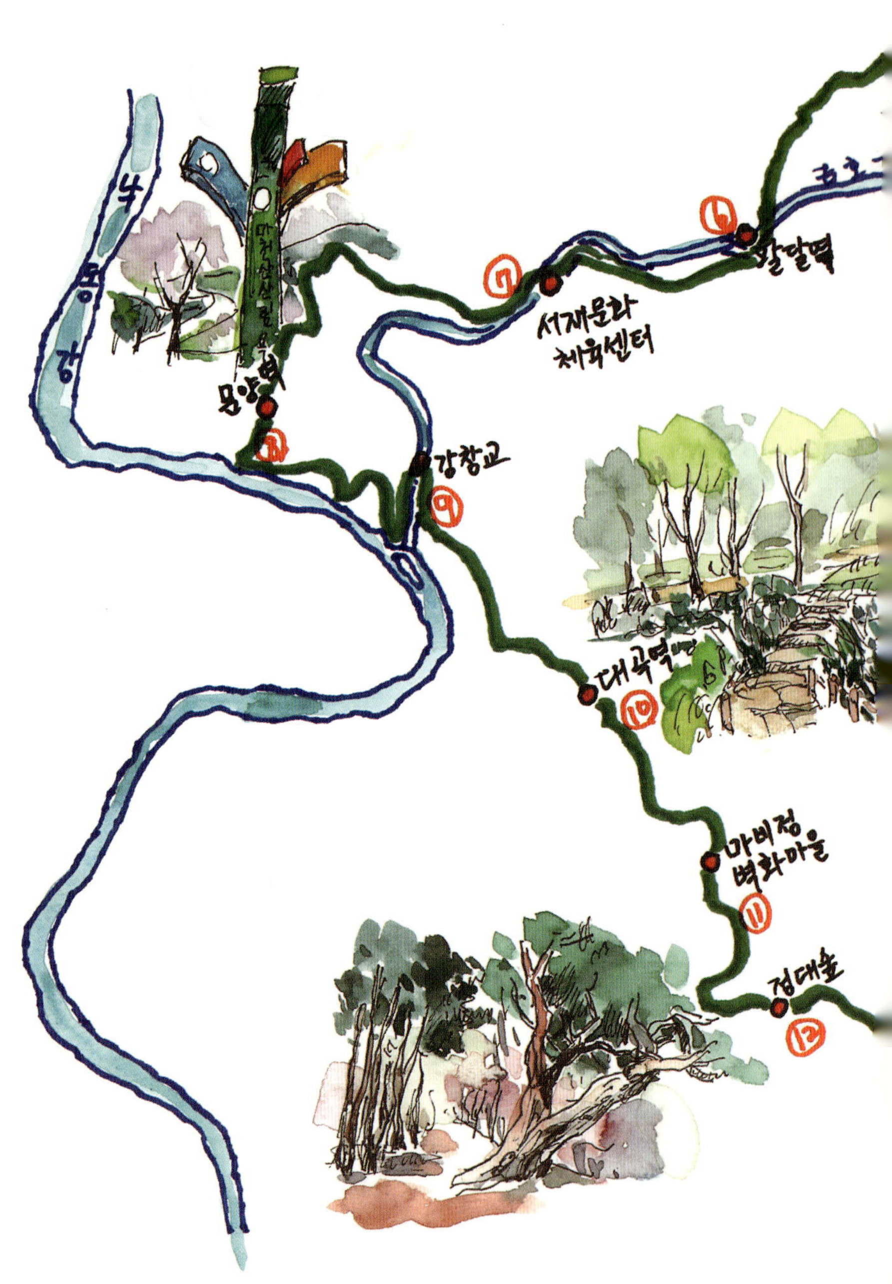

낙동강
마천산산길
문양역
8
7
6
서재문화
체육센터
강창교
9
대곡역
10
마비정
벽화마을
11
정대숲
12

20장—대구 둘레길

# 그 향기 바람 따라
# 철마다 끊이지 않네

둘레길이란 산이나 지역의 둘레를 걷는 길이다. 제주도 둘레를 도는 길을 <제주 올레길>이라 부르고, 서울의 <서울 둘레길>, <북한산 둘레길>, 부산의 <금정산 둘레길>, 경북 상주의 <MRF길> 등 전국에는 많은 둘레길이 있다. 대구에는 대구시 경계를 따라 만들어진 <대구 둘레길>이 있고, <팔공산 둘레길(팔공산 환종주길)>, <비슬산 둘레길>, <앞산 둘레길> 등이 있다. <제주 올레길>, <서울 둘레길>은 만들어진지 10여 년이나 지났고 비교적 잘 정비되어 있고 관리상태도 양호한 편이다.

2017년 대구시와 대구경북연구원에서 조성한 <대구 둘레길>은 대구시가지를 둘러싼 개발제한구역(그린벨트)의 녹지축을 따라 걷는 350리(138.6km) 걷기길이다. 모두 16개의 구간으로 나누어져 있고, 개별 구간마다 관망점이나 답사 포인트를 제공하여 다양한 체험을 하도록 되어 있다. 출발지와 도착지는 도시 철도역이나 버스 정류장과 연결하여 편리한 접근성을 자랑한다. 명품길을 만들기 위해서는 매년 적절한 예산을 투자하여 지속적인 보수나 관리를 해야 하고, <서울 둘레길>처럼 구간마다 스탬프를 찍어 완주증을 교부하고, 완주자들에게 대구시가 주최하는 각종 문화행사에 초대하거나 경품 행사를 실시하는 것도 좋은 홍보 방법이다. 또한 각 구간마다 명소, 문화, 역사, 자연환경, 먹거리를 소개하고 풍부한 스토리텔링을 더한다면 대구 둘레길은 시민들의 호응을 얻어 전국적인 명품 걷기길이 될 것이다. 16개 구간의 출발지와 종점, 경로, 거리는 다음과 같다.

| 구간 | 기점과 종점 | 경로 | 거리 (km) |
|---|---|---|---|
| 1 | 안심역 ~매여마을 | 안심역~동호유적 근린공원~초례봉~<br>매여마을 | 7.9 |
| 2 | 매여마을 ~평광마을 | 매여마을~요령봉~첨백당~평광마을 | 5.6 |
| 3 | 평광마을 ~공산댐 | 평광마을~이기세 폭포~구절송~<br>공산동 주민센터 | 6.8 |
| 4 | 공산댐 ~무태 네거리 | 공산동 주민센터~위남마을~화담마을~<br>무태 네거리 | 6.5 |
| 5 | 무태 네거리 ~팔달역 | 무태 네거리~망일봉~함지산~팔달역 | 8.8 |
| 6 | 팔달역 ~서재문화체육센터 | 팔달역~무지개 공원~방천 체육공원~<br>서재 문화체육센터 | 6.0 |
| 7 | 서재문화체육센터 ~문양역 | 서재 문화체육센터~이강서원~마천산~<br>문양역 | 10.4 |
| 8 | 문양역 ~강창교 | 문양역~강정대~강정보 디아크~강창교 | 8.9 |
| 9 | 강창교 ~대곡역 | 강창교~달성 습지~진천 수변공원~대<br>곡역 | 7.4 |
| 10 | 대곡역 ~마비정 벽화마을 | 대곡역~대구 수목원~본리마을 관망<br>점~<br>마비정 벽화마을 | 6.4 |
| 11 | 마비정 벽화마을 ~정대숲 | 마비정 벽화마을~농촌체험 전시장~<br>도원동 관망점~정대숲 | 6.8 |
| 12 | 정대숲 ~우록마을 | 정대숲~최정산 고산습지~남지장사~<br>우록마을 | 13.1 |
| 13 | 우록마을 ~상원마을 | 우록마을~삼산리 마을회관~신천습지~<br>상원마을 | 9.3 |
| 14 | 상원마을 ~용지역 | 상원마을~병풍산~진밭골~용지역 | 11.1 |
| 15 | 용지역 ~수성 패밀리 파크 | 용지역~두리 마루숲~팔현 마을~<br>수성 패밀리파크 | 11.9 |
| 16 | 수성 패밀리 파크 ~안심역 | 수성 패밀리파크~율하 체육공원~<br>안심 창조밸리~안심역 | 11.6 |
| | | | 138.6 |

**1구간(안심역~매여마을)**

안심역에서 동호 여울공원, 동호 향수공원, 동호 유적근린공원을 지나 동곡지에서 초례봉을 올라 매여동 경북대 학술림으로 내려오는 구간이다. 초례봉을 오르는 길은 완만하나 매여동 종점인 경북대 학술림으로 내려오는 길은 경사가 심하고 마사토가 많아 미끄럽다. 초례봉은 전망이 좋고 <팔공산 왕건길>, <팔공산 종주길>과 겹친다. 8km, 4시간 30분.

**2구간(매여마을~평광마을)**

매여마을에서 1구간과는 반대쪽인 요령봉을 넘어 평광리 입구의 효자 강순항 나무까지의 구간이다. 요령봉에서 대암산 쪽으로 가서 거북바위를 지나 내려가면 옻골 마을이고, 대암봉에서 서쪽으로 가면 용암산성을 거쳐 불로동 측백나무 숲으로 내려간다. 평광동 단양 우씨의 재실인 첨백당에는 광복소나무가 있고, 근처에 우리나라에서 최고 수령을 자랑하는 홍옥나무도 있다. 평광동 일대는 고려 태조 왕건 이야기와 동수전투 이야기가 많이 남아있다. <팔공산 올레길>, <팔공산 왕건길>과 겹친다. 5.6km, 3시간.

**3구간(평광마을~공산댐)**

평광동에서 문암산 방향으로 진행하면 다리지, 구절송, 공산댐을 지나 공산동 주민센터에 이른다. 구절송 근처의 금호강 전망대에서 멀리 불로동 고분군과 단산지(봉무공원)를 조망할 수 있다. 3구간은 927년 후백제군과 고려군이 격돌한 동수전투의 현장이어서 왕건과 관련된 이야기가 많은 구간이다. <팔공산 올레길>과 겹친다. 6.8km, 3시간.

**4구간(공산댐~무태 네거리)**

공산동 주민센터에서 불로천을 따라 위남 마을에 도착한다. 위남 마을에서 금호강을 따라 화담, 동변동을 지나 동화천 합수지점인 무태 네거리에 이르는 구간이다. 무태는 대구에서 살기 좋은 곳으로 손꼽히던 곳이다. 일파이무(一巴二無)란 대구의 살기 좋은 곳으로 첫째가 파동이고, 둘째가 무태라는 말이다. 화담은 금호강을 건너 검단동에서 바라보면 진달래가 피어 꽃밭을 이루었기에 화전담(花田潭)이라 불렀고 현재의 화담(花潭)이라는 지명이 생겨났다. 무태(無怠)는 왕건이 군사들에게 태만하지 말라고 해서 생겨난 지명이다. 6.5km, 3시간.

**5구간(무태 네거리~팔달교)**

무태 네거리에서 서변동으로 진행하여 망일봉을 올라 조야재, 함지산을 거쳐 팔달역에 이르는 구간이다. 망일봉에는 소나무 연리지가 멋있고, 조야재에는 산책길과 체육시설이 잘 정비되어 있어 산책 나온 시민들이 많다. 함지산 정상 부근에는 팔거산성터와 고분군이 있다. 팔거산성은 달성토성(달성공원)과 함께 삼국시대부터 대구의 군사요충지였다. 임진왜란 후에는 가산산성이 축조되어 팔거산성의 역할을 대신하였다. 5구간은 <도덕산 종주길>과 겹치는 구간이다. 8.8km, 5시간 30분.

**6구간(팔달역~서재문화센터)**

팔달역에서 금호강 하중도를 바라보며 가다가 팔달교를 건너 무지개 공원, 금호대교, 방천 체육공원을 지나 서재문화체육센터(해랑교)까지 이어진 구간이다. 와룡산의 용미봉을 지나면 방천리이고, 방천리에는 성서자원화사업소(쓰레기소각장)가 있다. 용두봉 아래 마을인 서재리에 있는 해랑교는 다사읍 박곡리와 방천리를 연결하는 다리이고, 효녀 해랑(海娘)의 전설이 전해진다. 6.0km, 2시간.

**7구간(서재문화센터~문양역)**

서재문화체육센터에서 해랑교를 건너 금호강을 따라가면 이강서원에 도착하며 봉수대 터, 마천산 삼림욕장, 마천산을 지나 문양역까지의 구간이다. 이강서원(伊江書院)은 달성군 다사읍 이천리에 있고, 임진왜란 때 의병장이었던 낙재 서사원(徐思遠, 1550~1615)을 배향한 서원이다. <마천산 둘레길>이나 문양역은 대구지역 노인들이 모이는 어르신 천국이다. 10.4km, 5시간.

**8구간(문양역~강창교)**

문양역에서 영벽정, 강정 전망대, 강정보 디아크, 강정보 먹거리촌을 지나 강창교(이락서원)까지 구간이다. 영벽정에서 강정보 디아크까지는 수변 데크가 설치되어 걷기에 편한 길이고, 낙동강 수변 경관이 아름답다. 강정보 상류는 대구 상수도 취수원(매곡정수장, 문산저수장)이고, 디아크는 강(물) 문화관이다. <강정보 녹색길>과 겹친다. 8.9km, 4시간.

**9구간(강창교~대곡역)**

강창교에서 달성습지, 대명 유수지, 서부 하수종말처리장, 진천 수변공원을 지나 지하철 대곡역에 이르는 구간이다. 이 구간은 차도 옆을 지나는 위험 구간인데, 구라리 화원동산까지 낙동강을 따라 걷기길을 새롭게 조성하고 있다. 달서구에서 조성한 <쌍용 녹색길>과 겹친다. 7.4km, 2시간 30분.

**10구간(대곡역~마비정 벽화마을)**

대곡역에서 대구 수목원, 남평문씨 세거지 뒷산, 본리마을 관망점을 지나 마비정 벽화마을까지 이어진다. 남평문씨 세거지 앞에는 명심보감 판본을 소장하고 있는 인흥서원이 있고, 마비정 벽화마을 뒤편에는 삼필봉이 있다. <달성보 녹색길>, <비슬산 둘레길>과 겹친다. 6.4km, 3시간 30분.

**11구간(마비정 벽화마을~정대숲)**

마비정 벽화마을 앞에는 농촌체험 전시장이 있다. 화원 자연휴양림, 용문사 쪽으로 가면 도원동 관망점을 지나 가창정대~화원본리를 잇는 임도가 있다. 임도를 통과하여 고개를 넘으면 정대숲에 이른다. 6.8km, 4시간.

**12구간(정대숲~우록마을)**

정대숲에서 조길방가옥 입구(대구미술광장)의 표지판을 따라 오르면 최정산 고산습지, 억새 군락지, 진달래 군락지를 지난다. 청산 갈림길에서 전망대가 있는 남지장사 방향으로 진행하여 남지장사와 백록 마을회관을 지나면 우록마을 버스종점이 있다. <최정산 누리길>과 겹친다. 13.1km, 6시간.

**13구간(우록마을~상원마을)**

우록마을 버스 종점에서 녹동서원, 은행나무길, 삼산리 마을회관을 지나 가창로(30번 지방도)를 따라 내려오면 단산리의 신천습지에 도착한다. 신천습지에서 가창체육공원 안쪽에 있는 송정들 관망점을 지나면 상원마을이다. 근처에는 박곡서당과 한천서원이 있다. <가창 누리길>과 겹친다. 9.3km, 3시간.

**14구간(상원마을 ~ 용지역)**

상원마을 박곡서당에서 병풍산을 올라 광산고개, 감태봉을 지나 진밭골에 도착하면 수성구 청소년수련원과 먹거리촌이 있다. 진밭골의 아스팔트 길을 따라 내려오면 지하철 용지역이다. <가창누리길>, <용지봉 종주길>, <9산 종주길>과 겹친다. 11.1km, 4시간 30분.

**15구간(용지역 ~ 금호강 수성 패밀리파크)**

용지역에서 관개삼거리를 지나면 두리봉으로 가는 산길 진입로가 있다. 두리봉 정상 산불감시초소에서 연호역으로 내려가 고모역, 팔현마을을 지나면 금호강변의 수성 패밀리파크가 있다. 11.9km, 4시간 30분.

**16구간(수성 패밀리파크 ~ 안심역)**

수성 패밀리파크에서 금호강을 따라가다가, 가천 잠수교에서 금호강을 건넌다. 율하 체육공원에서 다시 금호강을 따라 안심습지(연꽃단지)까지 진행한 후, 안심 창조밸리를 지나 지하철 안심역까지의 구간이다. 안심역이 <대구 둘레길>의 출발점이자 도착점이다. 11.6km, 3시간 30분.

불로동 측백나무숲 ©박진관

1

2

3

4

1. 평광동 광복 소나무와 첨백당
2. 무태 ©박진관
3. 안심습지 금호강 ©박진관
4. 이강서원 완락당 ©달성군 제공

대구예술발전소
달성공원
대구읍성
이병철고택
종로초등학교
경찰역사체험관
근대역사관
서문시장
서문시장
동산선교박물관
계산성당
한의학
박물관
화교소학
이상화고택
반월당
관덕정
순교기념관
보현사
샬트르성바오로
수녀원
성유스티노
신학교
성모당

21장—대구 골목 투어길

# 거북 뫼 아득하여
# 자라 산 닮았고

대구 골목 투어길은 도보여행에 적합한 길은 아니지만, 많은 시민들이 찾고 있다. 1906년까지 경상감영 주변으로 대구읍성이 있었으나 근대화 과정에서 사라졌다. 그러나 아직도 남아 있는 골목길에도 대구의 역사가 살아 숨쉰다. 골목 투어는 대구에 살고 있다는 정주의식(定住意識)을 심어주고, 대구의 역사와 문화에 대한 자부심을 갖게 한다. 골목 투어길은 교통이 편리하여 접근이 용이할 뿐만 아니라, 다양한 문화 활동으로 문화 콘텐츠가 만들어지고 풍부한 스토리를 간직한 곳이다. 모두 5코스 중에서 접근이 쉬운 제2코스가 관광객들에게는 많은 인기를 끌고 있으며 학생들에게는 지리, 역사, 대구의 정체성 찾기, 지역의 공동체 의식 함양, 애향심 고취, 도시 이미지 향상을 위한 교육 현장으로 이용된다. 외지 관광객에게는 사라져가는 대구 근대의 모습을 다시 돌아볼 수 있다는 점에서 매력적이다.

2007년 거리문화시민연대가 7년 동안의 노력 끝에 발간한 <대구 신택리지>를 계기로 2008년부터 중구 골목 투어가 시작되었다. 골목 투어는 모두 5개 코스 총 14.6km의 걷기길이다.

제1코스(경상감영 달성길): 경상감영공원~대구근대 역사관~향촌 문화관~북성로~경찰역사 체험관~종로초등(최제우나무)~달서문~삼성상회~달성공원(3.25km)

제2코스(근대문화 골목길): 동산선교사 사택~3.1만세운동길~계산성당~이상화·서상돈 고택~계산예가~에코 한방 웰빙 체험관~제일교회~약령시 한의약 박물관~영남대로~종로~진골목~화교소학교(1.64km)

제3코스(패션 한방길): 쥬얼리 타운~교동 귀금속거리~동성로~남성로(약령시)~서문시장(2.65km)

제4코스(삼덕 봉산 문화길): 국채보상운동 기념공원~삼덕동 문화거

리~김광석 거리~경북사대부고~봉산 문화거리~대구 향교~건들바위(4.95km)

제5코스(남산 100년 향수길): 반월당~보현사~관덕정 순교기념관~남산교회~상덕사(문우관)~성유스티노 신학교~성모당~샬트르 성바오로 수녀원(2.12km)

## 대구 골목 투어길에 얽힌 이야기

### 1코스 <경상감영 달성길>

1코스의 출발지는 경상감영공원이다. 상주(尙州)에 있던 경상감영이 임진왜란 후(1601년) 대구로 옮겨오면서 대구가 경상도의 중심이 되었고, 관찰사가 상주하던 경상감영 주변에는 1736년 대구읍성이 축성되었다. 1906년 대구군수이던 박중양이 대구읍성을 허물었지만, 경상감영에는 1965년까지 경북도청이 있었다. 도청이 북구 산격동으로 옮겨간 후 중앙공원으로 만들어졌고, 1997년에는 중앙공원이 경상감영공원으로 명칭이 바뀌었다. 경상감영공원에서는 선화당(宣化堂), 징청각(澄淸閣), 통일의 종 등을 보아야 한다. 경상감영의 객사로 사용된 금학루(琴鶴樓)에서 바라보는 경치가 아름다워 서거정은 학루명월(鶴樓明月)을 대구 10경의 하나로 읊고 있다.

| | |
|---|---|
| 一年十二度圓月(일연십이탁원월) | 일 년에 열두 번 둥근달이야 뜨지만 |
| 待得中秋圓十分(대득중추원십분) | 기다리던 한가위 달 한결 더 둥글다 |
| 更有長風箒雲去(갱유장풍추운거) | 긴 바람 한바탕 불어 구름 쓸어내리니 |
| 一樓無地着纖紛(일루무지착섬분) | 누각에 티끌 한 점 붙을 자리 없네 |

—서거정, 鶴樓明月(학루명월-금학루의 밝은 달)

경상감영공원 옆 옛 조선식산은행 건물에는 <대구 근대 역사박물관>이 있다. 대구 근대 역사박물관은 근처의 <희움 일본군 위안부 역사관>, <향촌문화관>과 함께 대구의 근현대사를 되새겨 볼 수 있는 곳이다. 여러 전시실에서 대구의 다양한 근대의 모습이나 시민들의 생활상을 확인할 수 있다. 종로초등학교 맞은편에 있는 <희움 일본군 위안부역사관>은 한국과 일본 시민들의 성금으로 만들어진 박물관이다. '희망을 모아 꽃을 피움'을 줄여서 <희움>이라 했다. 희움에는 잊어서는 안 될 슬픈 역사의 증언과 함께, 위안부 문제 해결의 염원이 새겨져 있다.

대구 근대 역사박물관 옆 중부경찰서에는 <경찰역사체험관>이 있다. 조선시대부터 현재까지 경찰의 복장이나 유치장, 유치장 일과표 등이 게시되어 경찰의 이미지를 새롭게 느낄 수 있다. 옛 경상감영 감옥이 있던 곳에는 종로초등학교가 들어섰고, 종로초등학교에는 <최제우 나무>가 있다. 동학을 창시한 수운 최제우가 민심을 혼란케 한다는 죄목으로 체포되어 경상감영 감옥에 갇혔을 때 수령 400여 년의 회화나무가 그 모든 것을 지켜보았을 것이라 생각되어 최제우 나무라 명명하였다. 최제우는 관덕정 앞의 아미산에서 처형되었는데, 영남제일관 앞에 있던 관덕정은 무과시험을 관장하던 곳이고, 무예를 닦던 연병장이었다.

아미산은 미인의 눈썹을 닮아서 붙여진 이름이고, 현재 적십자 병원 뒤쪽의 언덕이다. 아미산은 국법을 어긴 중죄인을 처형하는 형장이었고, 수운 최제우를 비롯하여 대구지역에서 박해를 받은 천주교 순교자들이 이곳에서 처형되었다. 천주교 대구 대교구에서는 아미산에서 처형된 순교자들의 뜻을 받들어 <관덕정 순교기념관>을 건립하였다.

중부경찰서에 있는 서성로에는 대구부성(大邱府城) 달서문 터(達西門址)가 있다. 달서문은 대구읍성의 6개 문(영남제일관, 진동문, 공북문, 달서문, 동소문, 서소문) 중에서 서쪽에 있던 문이다. 조선 후기까지 달서문 앞(오토바이 골목)에는 삼남지방의 최대시장인 서문시장이 있었다. 달서문 터에서 서쪽으로 가면 중구 인교동 공구골목이 나오며 1938년 세워진 삼성그룹의 모기업인 삼성상회(三星商會) 옛 터가 있다. 삼성상회를 지나 1코스의 종착지는 달성토성(공원)이다. 달성토성은 삼국사기에 216년 달벌성(達伐城)을 쌓았다는 기록이 있는 삼한시대 토축 성곽으로, 1736년 대구읍성을 쌓을 때까지는 대구의 중심이었다. 일제강점기에 동물원을 만들어 지금의 달성공원이 되었다.

### 2코스 <근대문화 골목길>

2코스의 출발지는 동산의료원 선교사 사택이다. 지금은 의료박물관, 교육박물관, 선교박물관으로 개조된 사택을 지나면 3.1 만세운동길과 90계단이 나오고 계단을 내려오면 선교 100주년을 기념하여 새로 지은 제일교회가 있다. 제일교회에서 길을 건너면 대구 최초의 성당인 계산성당이다. 계산성당 뒤편이 민족시인 이상화 고택이고, 이상화 고택 맞은편이 국채보상운동으로 유명한 서상돈 고택이다. 이 지역은 옛날 명나라 장수 두사충이 살던 <뽕나무 골>인데, 두사충의 이야기도 골목골목에서 확인할 수 있다. 이상화 고택 옆에는 <계산예가>가 있어 도심 골목 투어의 시설과 역사를 시청각 자료로 알려준다.

남성로 옛 제일교회 앞에 있는 <에코 한방 웰빙 체험관>은 지구 환경, 한방 관련 자료를 전시하고 힐링을 체험하는 공간이다. 약령시 골목에는 고색창연한 옛 제일교회 건물이 있고, 교회 옆에는 <대구 약령시 한의학 박물관>이 있다. 박물관은 전국 최대 한약재 유통 거점인 약령시의 문화를 보존하기 위해 1985년 문을 열었고, 20년 넘게 약령시 한방문화 축제를 개최하고 있다. 약전골목이라 알려진 이 길은 대구읍성의 남쪽에 있던 길이어서 남성로(南城路)로 불리며, 조선시대에는 영남대로가 통과하는 길이었다. 종로에는 골목이 길어서 이름 붙여진 진골목이 있고, 진골목에는 대구 최초의 양옥집이라는 정소아과 건물이 있다. 정소아과 건물 맞은편이 미도다방이다. 미도다방은 대구 시니어(senior) 문화를 주도하는 어르신들이 출입하는 옛날식 다방이다. 도라지 위스키는 팔지 않지만, 계란 노른자를 띄운 쌍화차나 한방차를 센뻬이 과자와 곁들여 맛볼 수 있는 곳이다.

종로는 종각(鐘閣)이 있던 도로를 말하는데, 경상감영과 영남제일관을 잇는 대구의 중심도로였고, 동성로(東城路)로 상권이 옮겨가기 전에는 대구의 상업 중심지였다. 종로에는 소설가 김원일의 소설에 등장하는 <마당 깊은 집>이 있다. 1905년부터 대구로 이주한 중국인들이 세운 화교소학교가 2코스의 종점이다. 2코스는 대구의 근대사를 직접 확인할 수 있는 관광과 체험 공간이 곳곳에 있어서 많은 탐방객이 찾는다.

**3코스 <패션 한방길>**

3코스의 출발지는 중구 동문동의 <패션 주얼리 타운>이다. 패션 주얼리 타운은 근처에 있는 교동 귀금속 거리와 함께 귀금속 주얼리 복합 센터로 조성되었다. 대구읍성의 동쪽에 있던 동성로(東城路)는 종로와 북성로 상권이 쇠퇴하면서 대구 최고의 번화가가 되었다. 동성로는 젊음의 거리답게 인디 뮤지션(Indie Musician)들의 버스킹(Busking) 공연이 사시사철 열리며 언제나 젊음의 기운이 꿈틀거린다.

약전골목으로 알려진 약령시에는 대구읍성의 정문이자 남문이었던 영남제일관이 있었고, 대구읍성의 남쪽 성곽을 따라 형성된 도로이기에 남성로(南城路)라 부른다. 이 길은 부산 동래에서 한양으로 가는 영남대로가 지나는 길이었다. 주변에 350여 개의 한방재료상이 있어 남성로를 따라 길을 걸으면 한약 달이는 냄새가 코끝을 자극한다. 한약 냄새가 강렬

하여 이 길은 걷기만 해도 병이 낫는다는 소문이 있다. 매년 8월이면 <대구 근대로 야행 축제>가 열려 밤이면 약령시 주변은 문전성시가 된다.

서문시장은 조선시대부터 전국 3대 시장(안성장, 강경장, 서문장)으로 유명하였다. 서문시장은 원래 대구읍성 북문에 있었는데 17세기 후반에 대구읍성의 달서문 터 건너편 오토바이 골목으로 옮겨 번성하다가 1922년 천황당지(天皇堂池)라는 못을 메우고 지금의 자리로 옮겨갔다. 일제는 천황당지를 메우기 위해 달성토성의 흙을 사용했는데, 이때 달성토성에 있던 많은 역사유적이 파괴되었다. 서문시장에서도 10월이면 가을 축제를 개최하는데 야시장을 비롯한 등 다양한 행사로 참가자들을 즐겁게 한다. 3코스의 도착지는 서문시장이다.



#### 4코스 <삼덕봉산문화길>

4코스는 5km 정도로 대구 골목 투어 길 가운데 가장 긴 코스이다. 출발지는 중구 동인동 2가에 있는 국채보상기념공원이다. 국채보상운동은 1907년 서상돈, 김광제 등의 제안으로 일본에서 도입한 차관 1,300만 원을 갚아 주권을 회복하자는 주권수호운동이었다. 국채보상기념공원에서 대구시립중앙도서관 혹은 달구벌 대종을 지나 동쪽으로 방향을 잡아 경북대학교 의과대학, 일본식 가옥, 삼덕동 주민센터에 이르면 삼덕문화거리가 시작된다. 벽화거리와 삼덕초등학교를 지나면 방천시장에 도착하는데, 방천시장에는 유명한 <김광석 길>이 있다. 어린 시절 김광석이 잠시 살았던 곳에 만들어진 음유가객(吟遊歌客) 김광석 길은 지금은 대구에서 가장 유명한 문화거리가 되었다.

김광석 길을 돌아 삼덕 네거리, 경북대학교 치과대학 병원, 경북대 사범대 부속 고등학교를 지나면 봉산문화거리에 이른다. 봉산문화거리는 대구학원에서 봉산오거리까지 600m 정도이고, 주변에는 20여 개의 화랑이 산재해 있어 일 년 내내 전시행사가 열린다. 봉산문화거리를 지나면 제일중학교와 향교를 만나게 된다. 제일중학교 교정에는 거북바위(龜巖)가 있는데 이곳은 대구의 안산(案山)이었던 연귀산(連龜山)이다. 지금은 북구 산격동 연암산(鳶巖山)으로 옮겨간 구암서원(龜巖書院)도 원래 연귀산에 있었다. 일제강점기에는 연귀산에서 정오를 알리던 오포(午砲)를 쏘았기에 오포산(午砲山)으로 부르기도 한다. 연귀산에 피어오르는 봄 구름이 아름다워 서거정은 귀수춘운(龜峀春雲)을 대구 10경의 하나로 꼽았다.

> 龜岑隱隱似鰲岑(귀잠은은사오잠)　거북 뫼 아득하여 자라 산 닮았고
> 雲出無心亦有心(운출무심역유심)　구름 토해냄이 무심한 듯 유심한 것이
> 大地生靈方有望(대지생령방유망)　온 땅의 백성들이 애타게 기다리는
> 可能無意作甘霖(가능무의작감림)　가뭄에 단비 만들어 주려 함이네
>
> —서거정, 龜峀春雲(귀수춘운-연귀산의 봄 구름)

원래 대구향교는 교동에 있었으나, 1932년 일제에 의해 지금의 남산동으로 옮겨왔다. 향교에는 석전대제를 봉행하는 대성전(大成殿), 학문을 강학하는 명륜당(明倫堂), 인재양성과 문풍 진작을 위해 선비들의 기숙사이자 연구 장소인 낙육재(樂育齋)와 양사재(養士齋) 등이 있다. 중구 대봉동의 건들바위와 길 건너편 이천동(배샘 동네)에 있던 배샘은 옛날 대구천이 흐르던 곳에 만들어진 하식애이다. 건들바위가 4코스의 도착지이다. 건들바위는 삿갓바위 혹은 삿갓 쓴 노인의 모습이어서 입암(笠巖)이라 불렸고, 서거정은 대구 10경의 하나로 입암조어(笠巖釣魚)를 남기고 있다.

| | |
|---|---|
| 煙雨空濠澤國秋(연우공호택국추) | 이슬비 자욱이 가을을 적시는데 |
| 垂綸獨坐思悠悠(수륜독좌사유유) | 낚시 드리우니 생각은 하염없네 |
| 纖鱗餌下知多少(섬린이하지다소) | 잔챙이야 적잖게 건지겠지만 |
| 不釣金鼇鈞不休(부조금오균불휴) | 금자라 낚지 못해 자리 뜨지 못하네 |

—서거정, 笠巖釣魚(입암조어-건들바위에서 낚시하는 노인)

**5코스 <남산 100년 향수길>**

5코스 출발지는 반월당이다. 동화사 도심 포교당인 보현사를 지나, 동부 교육지원청을 지나면 <관덕정 순교기념관>이 있다. 이 지역은 미인의 눈썹을 닮았다 해서 아미산(峨眉山)이라 불렀고, 조선시대에는 중죄인을 벌하던 처형장이었다. 중국의 아미산은 보현보살이 상주하는 영험이 있는 산이므로 반월당 아미산에 세운 사찰은 보현사(普賢寺)가 되었다. 천주교 순교자들을 추모하기 위해 건립된 <관덕정 순교기념관> 옆에는 남산교회가 있다. 남산교회는 1914년 남성정교회(제일교회)에서 분리되어 창건했다. 남산교회를 지나면 상덕사가 있다. 상덕사(尙德祠)는 관찰사 이숙, 유척기의 선정공덕을 기리는 향사(享祀)를 하던 곳인데 원래 경상감영의 동쪽에 있었다. 1910년 일본인들에 의해 상덕사가 헐리자 이곳 남산2동으로 이건(移建)하였다.

문우관(文友觀)은 1918년 채헌식이 향교 재산으로 상덕사 동쪽에 건립하여 후진을 양성하던 서숙(書塾)이었고, 1950년대 말까지 영남지역의 선비들이 모여 시회(詩會)를 하던 선비 사랑방이었다. 현재의 문우관터는 대구지역의 최초 관립 도서관이었던 낙육재(樂育齋)가 있던 곳이있다. 낙육재는 향교로 옮겨갔다. 상덕사에서 남문시장을 지나면 신학교, 성모당, 수녀원이 있는 <가톨릭 타운>이다. 남산동 주변에 만들어진 가톨릭 타운은 대구 최초의 천주교 전래를 기념하여 조성된 곳이다.

대구지역으로 전래된 천주교는 초기에는 왜관의 신나무골, 한티재 등지에서 박해받았고 마침내 대구로 전래되어 남산동을 근거지로 널리 퍼져나가게 된다. 가톨릭 타운에는 대구가톨릭대학교 유스티노 캠퍼스(김수환 추기경이 졸업생으로 유명하다), 천주교 대구대교구청, 성직자 묘역, 성모당, 계산 성당, 샬트르 성 바오로 수녀원 등이 모여 있다. 이곳은 이국적인 건축물이 많아 관광객이 몰리고, 특히 성모당에는 순례자들과 천주교도들의 행렬이 이어진다. 성모당은 프랑스 루르드 동굴을 본떠서 만들어진 천주교 성지이다. 동굴 윗벽에는 <1911 EX VOTO IMMACULATAE CONCEPTIONI 1918> 이라 새겨져 있다. 라틴어로 '무염(無染) 잉태를 찬양하라'는 뜻이다. 1911과 1918이라는 숫자는 1911년 대구교구가 처음 생겨났고, 1918년 하느님에게 청한 3가지 소원이 모두 이루어졌음을 의미한다.

성모당 앞에는 김대건 동상을 비롯하여 각종 가톨릭 건물이 많이 모여 있다. 성모당 안쪽으로 <십자가의 길 10처>가 새겨진 돌을 따라가면 대구교구청 성직자들의 무덤인 성직자 묘지가 있다. 성직자 묘지 문기둥에 새겨진'HODIE MIHI, CRAS TIBI(Today me, Tomorrow you)'라는 라틴어 구절은 <오늘은 내가 죽어서 이렇게 묻혀있지만, 내일은 너의 차례이다>라는 뜻이다. <그러하니… 너희들도 착하게 살아라, 항상 행복하라, 죽음을 생각하라> 등의 많은 의미를 내포하고 있어 가슴에 와닿고 참배객으로 하여금 오랫동안 묵상에 잠기도록 한다.

1

2

1. 경상감영공원 ©박진관
2. 대구 근대 역사박물관 ©박진관

1

2

3

4

1. 최제우 나무 ©박진관
2. 대구향교 ©박진관
3. 건들바위 ©박진관
4. 남산동 성모당

중앙고속
경부고속
함지산
금호강
달성토성
청라언덕
두류공원
장기공원
학산공원
월곡역사공원
화원유원지
선사유적공원
대구수목원
화원휴양림
낙동강
광주대구고속

# 꽃 다 피고 나니
# 배보다 더 크네

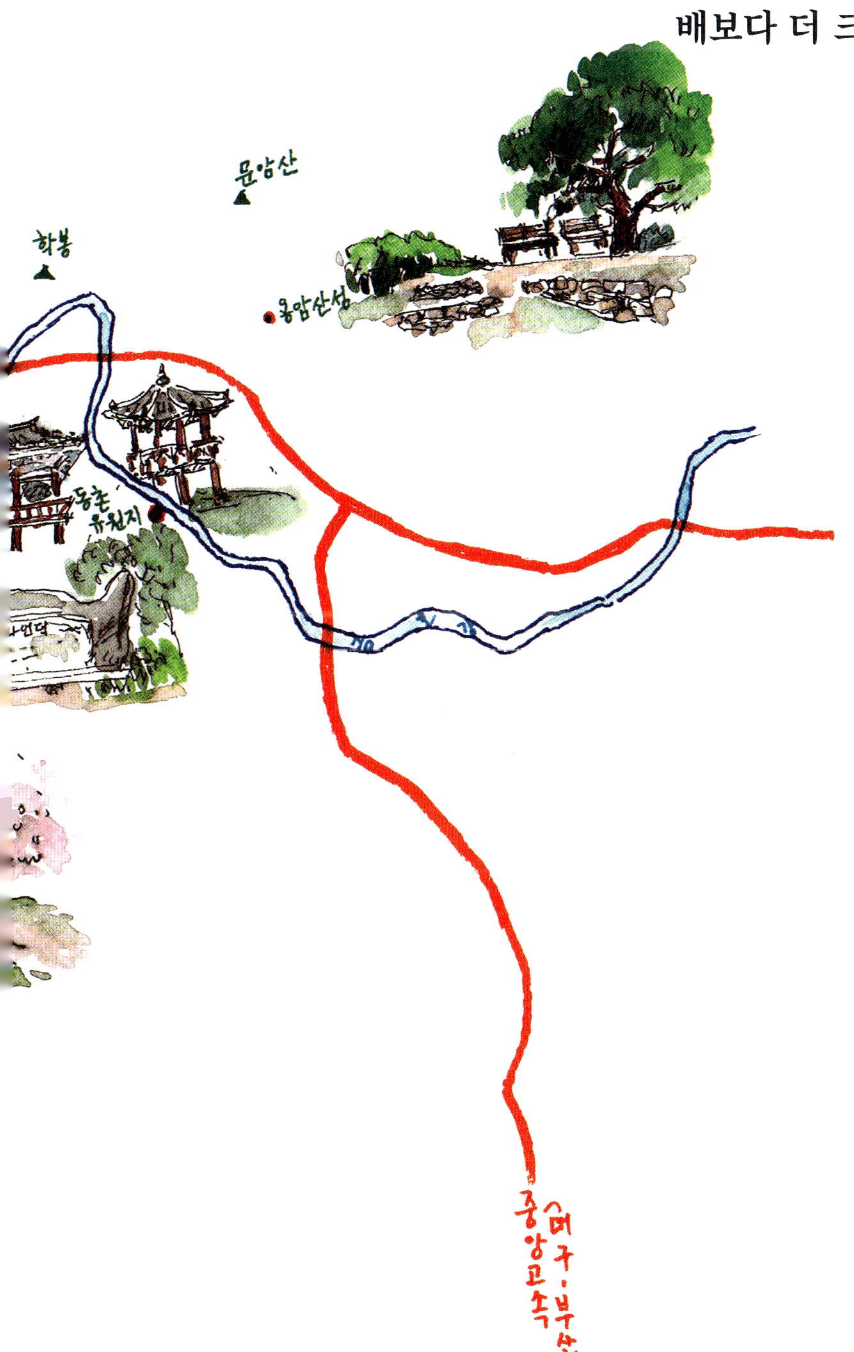

수없이 많은 길 중에서 가장 좋은 걷기길이 어디일까? 가장 좋은 걷기길이란 우리가 자주 찾는 길이다. 먼 곳에 있는 유명한 길이 아니라 아침, 저녁으로 걸으며 자신의 건강을 지키고 사고의 폭을 넓힐 수 있는 길이 가장 좋은 걷기길이다. 우리가 살아가는 동네 길들은 거리가 짧지만, 가족들과 함께 나들이를 겸한 산책로로 자주 찾기에 가장 좋은 길이라 할 수 있다. 대구 시민들이 쉽게 찾을 수 있는 동네 걷기길 몇 군데를 소개한다.

#### 1. 달성토성

삼국사기에 216년 달벌성(達伐城)을 쌓았다는 기록이 있는 것으로 보아 달성토성은 삼한시대 토축 성곽이다. 1736년 대구읍성을 쌓을 때까지는 대구의 중심이었다. 일제강점기에 동물원을 만들어 지금의 달성공원이 되었다. 공원 전체가 잘 정비되어 있고, 토성 둘레를 한 바퀴 돌면 1.5km 정도 된다. 달성토성의 서쪽 지역인 비산동(날뫼골)은 낙후된 마을을 꾸미기 위해 골목정원을 가꾸어 왔고, 2016년부터 <달성토성 마을 골목축제>를 개최하고 있다. 축제는 달성토성의 역사적, 문화적 가치를 재조명하고, 마을 공동체 회복에 기여하고 있다는 평가를 받고 있다. 주민들과 문화 활동가들의 공동작업으로 날뫼골 뒷골목 이야기를 모아 <날뫼유사>를 펴내기도 했다. 달성토성에 있던 고분 유적은 1922년 일제강점기에 서문시장의 못(천황당지)을 메우는 토사로 사용되면서 아쉽게도 대부분 사라졌다. 그러나 아직도 달성토성 안에는 동학 창시자인 최제우 동상, 의병장 허위 공덕비, 달성 서씨 유허비, 이상화 시비, 서침 나무 등 대구의 얼이 서린 유적이 많다.

### 2. 두류공원

도심지에 두류공원처럼 잘 가꿔진 산책로가 있다는 것은 대구시민의 자랑이다. 두류공원에는 두 개의 산이 있다. 이월드(놀이공원)와 83타워가 있는 산은 두류산이고, 문화예술회관과 성당못이 있는 산은 금봉산이다. 산책로가 잘 정비된 곳은 금봉산 주변인데 구석구석을 모두 걸으면 5km 정도이다. 주변에는 두류수영장, 야구장, 인라인스케이트장 등의 운동 시설이 있고, 2.28기념탑, 야외 음악당(코오롱 야외음악당), 도서관, 대구시민헌장비 등 문화시설도 많다. <인물 동산>에는 이상화, 현진건, 이장희, 백기만 시비 등이 있고, 고려 중기에 창건한 금용사와 천태종 사찰인 대성사가 있다. 서거정은 성당못에 핀 연꽃을 남소하화(南沼荷花)라고 하여 대구 10경의 하나로 꼽았다(남소가 달성토성 남쪽의 못이므로 현재 서문시장에 있던 천황당지(天皇堂池)라는 주장도 있다. 남소가 영선시장 근처의 영선못이라는 주장도 있으나, 영선못은 일제강점기인 1923년에 관개용으로 조성한 못이어서 서거정과 시대를 달리하기에 남소가 아닌 것이 확실하다).

| | |
|---|---|
| 出水新花疊小錢(출수신화첩소전) | 새로 나온 연꽃 포갠 동전 같더니 |
| 花開畢竟大於船(화개필경대어선) | 꽃 다 피고 나니 배보다 더 크네 |
| 莫言才大難爲用(막언재대난위용) | 감히 너무 커서 쓰기 어렵다 말하지 말고 |
| 要遣深痾萬姓痊(요견심아만성전) | 고질병에 긴히 써서 온 백성 고치리 |

—서거정, 南沼荷花(남소하화-남소에 핀 연꽃)

성당못(성댕이못) 주변에는 1970년대까지 도축장이 있어서 지금도 주변에는 불고기 식당이 남아 있다. 성당못 주변에 있던 대구의 도축장은 1980년대에 서구 중리동으로 옮겨가며 중리동 곱창 골목을 만들었고, 2000년부터는 북구 검단동으로 다시 옮겨갔다.

### 3. 화원유원지

유원지(遊園地)란 유람이나 오락을 위해 만들어진 놀이터를 말한다. 자연을 무시한 인간중심의 놀이터를 유원지라 부르는데 자연과 인간이 공존을 모색해야 하는 시대정신에 맞지 않는 말이다. 주변 경치와 자연 생태계를 보호하며 자연과 인간이 공존하는 개발을 하는 것이 세계적인 추세이다.

화원유원지는 사문진, 화원토성, 달성습지, 디아크 강문화관 지역에 만들어진 자연이 무시된 인간 중심의 유원지이다. 멸종위기의 삵이나 모감주나무 군락지를 안내하면서도 <낙동강 생태탐방로>를 만들기 위해 인공데크와 야간조명을 설치하여 야생 동·식물의 활동영역이나 서식지를 파괴하고 있어서 아쉽다. 화원토성의 아름다운 하식애(河蝕崖)나 디아크 강문화관 자리에 있던 부강정(浮江亭)은 경치가 아름다워 신라왕이 아홉 번이나 행차한 곳이었다. 화원동산, 사문진 주막촌, 달성습지 생태학습관, 달성습지, 디아크 강문화관, 다산문화공원 등을 왕복하면 5km 이상의 거리이다.

### 4. 동촌유원지

아양루에서 영남제일관이 있는 금호강 하식애 주변은 경치가 아름답다. 동촌유원지에는 금호강변길, 고모역, 고산서당, 형제봉 등과 연결된 수 없이 많은 걷기길이 있다. 망우공원, 팔현습지, 아양기찻길, 동구문화원 등과 연계하면 더욱 좋은 명소가 될 수 있다.

### 5. 선사시대로

달서구 월성동 지역에서 발견된 구석기유물이나 진천동, 대천동, 월암동, 화장사 등에서 발견된 고인돌 유적지를 연결하는 걷기길이다. 고인돌 소공원, 한샘공원, 선돌공원, 조암공원, 선사유적공원, 대곡역, 진천역, 월배역, 상인역 등을 연결하는 <고인돌 코스>, <선돌 코스>, <자유 코스>가 있다. 진천동의 상화로에는 깊은 잠에 빠진 거대 원시인 조각상이 유명하다. 대곡역 주변에 있는 민족시인 이상화 무덤과 <상화기념관, 이장가 문화관>도 달서구 여행에서 빠뜨릴 수 없는 곳이다. 경주(월성)이씨 금남공파는 임란 후 복현동(伏賢洞) 땅을 하사받아 대구지역에서 번성하였다. 후손 이동진이 사업에 성공하면서 이동진 집안사람들은(이일우, 이시우/이상악, 이상무, 이상간, 이상길, 이상성, 이상정, 이상화, 이상백, 이상오) 북성로에 사립 도서관인 우현서루(友弦書樓)를 운영하는 등 대구지역 계몽운동에 주도적인 역할을 하였다.

### 6. 용암산성 누리길

<팔공산 올레길>에 포함되지 않은 용암산성 주변의 걷기길을 조성하여 <용암산성 누리길>이라 명명하였다. 봉무공원의 단산지, 불로동 고분군, 도동 측백수림, 바리고개, 대암봉과 옻골마을, 요령봉, 능천산 등은 따로 떼어 걷기 좋은 길이고, 동구 문암산, 북구 화담산 지역과 연결하여 걸을 수도 있다. 대부분 <팔공산 올레길>, <팔공산 왕건길>, <팔공산 녹색길>과 겹친다.

### 7. 월곡역사공원

달서구 상인동(월촌마을)은 이 지역에 500년 이상 세거한 단양 우씨 집성촌이다. 임진왜란 때 의병장으로 활동한 월곡 우배선(1569~1620) 장군을 기려 단양 우씨 문중 땅으로 공원을 조성하였고, 월곡역사공원으로 명명하였다. 우배선을 제향하고 있는 낙동서원(洛東書院), 월곡역사박물관, 민족정기탑, 의병장 우배선 선생 창의유적비, 의마비 등이 있다. 근처의 장지산(81m)을 포함하는 월곡역사공원에는 소나무를 비롯하여 다양한 나무와 꽃으로 조경을 하였고, 각종 체육시설이 있다.

**8. 장기공원**

달서구 장기동에 있는 공원이다. 1965년에 근린공원시설로 지정되었으나 50년 이상 공원 조성이 방치되고 있다. 이 지역은 구씨와 장씨들이 개척한 마을이어서 구장터라 불렀으나 구씨들이 떠나고, 장터로 부르다가 장기동(張基洞)이 되었다. 대부분이 사유지이고 주변에는 3,000여 기의 묘지가 있어 보상비와 이장비용을 감당하지 못해 근린공원으로 개발하지 못하고 있다. 장기동 건너편 마을을 거너실이라 부른다. 장기공원 주변에는 장동공원이 있지만 장기동과 장동(壯洞)의 경계선인 대명천은 여름이면 생활하수와 공장폐수로 악취가 풍긴다. 장기공원에서 서구 상리동(가르뱅이 위쪽 동네)의 상리공원과 연결하면 7km 정도의 도심 걷기길이 만들어진다. 경로는 장동네거리~쉼터~산불초소~장기공원 입구~성서IC 진입로~용산동 서촌마을~용산지하도~상리공원이다.

**9. 학산공원**

옛 본리공원이고 달서구청 옆의 본동에 있다. 학이 날아와 앉은 모습이어서 학산(139.7m)이라 부르고, 정상 부근에는 전망대가 있어 일몰 풍경과 대구시 야경이 아름다워 출사지로 유명하다. 인근 동네에서 진입하는 진입로가 많고, 산책로가 거미줄처럼 연결되어 있다. 산책로 전체를 돌면 2km 정도이다. 주민 체력단련장으로 인기가 있으며 야간산책도 가능하다. 상원고 쪽에는 <상인동 가스폭발 희생자 위령탑>이 있고, <태극단 학생독립운동비>도 있다.

### 10. 기타 대구의 소형 산책길

마을 주변의 짧은 산책로를 8개 구·군별로 열거하면 다음과 같다.

1) 중구: 경상감영공원, 국채보상운동 기념공원, 대구읍성의 성곽을 따라가는 동성로, 서성로, 북성로, 남성로(약전골목) 걷기길, 순종어가길 등

2) 동구: 망우공원, 신암 공원과 신암 선열공원, 봉무공원(단산지), 불로동(봉무동) 고분공원, 공산지와 문암산, 불로천변 걷기길 등

3) 서구: 상리공원, 이현공원, 날뫼골 골목길, 달성토성 등(서구는 대부분이 공단 지역이어서 구민들을 위한 걷기길이 부족하다)

4) 남구: 앞산 빨래터 공원, 신천종합 생활체육 광장(신천강변길), 계명대 대명 캠퍼스, 영남이공대와 영남대 의료원, 대구교육대 교정 등

5) 북구: 동변동 지역, 서변동 지역, 칠곡 지역, 학산~화담산 지역, 조야재, 침산공원, 연암공원, 대불공원, 경북대 캠퍼스 등

6) 수성구: 대구스타디움 주변, 범어공원, 범어시민체육공원, 화랑공원, 수성못 둘레길, 파동 서원골 주변, 무학산 주변, 두리봉 주변, 성동 고산서당 주변 등

7) 달서구: 이곡 생수공원(정자공원, 장미공원), 불미골 공원, 배실 공원, 와룡 윗공원(아랫공원), 갈산공원, 성서체육공원, 월배 공원, 도원지 월광수변공원, 대구수목원, 계명대 성서캠퍼스, 계명문화대 캠퍼스 등

8) 달성군: 함박산과 옥연지 송해공원 둘레길, 남평문씨 본리 세거지와 대구수목원, 달창저수지와 예연서원(퇴포산), 금계산과 노홍저수지, 약산(잠용산) 주변, 녹동서원과 삼정산(가창면), 정대숲과 가창댐(가창면), 관기봉과 소재사, 비슬산과 유가사 도성암, 현풍 대니산(407m), 달성 도동서원과 진등산(281m), 달성 노을공원, 마천산 둘레길(다사), 죽곡산과 디아크(다사), 다사체육공원과 해랑교 주변 등

1

2

3

4

1. 삼국시대 축성된 달성토성 ©박진관
2. 학산공원
3. 월곡역사공원
4. 두류공원 성당못

송림사
삼가헌
하목정
이락서당
서문시장
은적사
사문진
송해공원
용연사

23장—대구 걷기길의 논란거리와 제언

# 정성들여 심고 가꾸기에 힘쓰면

### 대구읍성 둘레길과 영남대로 복원

한일합방 전에도 대구의 일본인 거류자들은 상권을 장악하기 위해 대구읍성을 허물어줄 것을 건의하였고, 친일파였던 박중양은 1906년 대구읍성을 허물었다. 결국 대구읍성의 중심 상권은 일본인들에게 넘어가게 된다. 읍성은 흔적도 없이 사라졌고, 성벽의 벽돌은 1냥에 팔려 민가 건축 자재로 사용되면서 흩어져버렸다. 낙안읍성이나 해미읍성처럼 역사적인 유물로 남아있어야 할 읍성이 허물어지고, 읍성의 6개 문과 관덕정, 영영축성비, 대구부수성비 등도 철거되거나 방치되었다. 대구 방어와 대구 상권의 중심이었던 대구읍성은 북성로에 희미하게 성터가 남아있지만, 흔적을 찾기가 쉽지 않다. 하지만 읍성의 주변을 따라 동성로, 서성로, 남성로(약전골목), 북성로(공구골목)가 있으니 동서남북을 연결하는 <대구읍성 둘레길>을 조성하면 대구 근대화 과정을 돌아보는 체험학습장이 될 것이다. 달성토성, 경상감영공원, 대구읍성은 대구 역사의 상징이다.

영남대로는 조선시대 부산 동래에서 출발하여 한양으로 가던 천리에 이르는 중요한 간선도로였다. 영남대로 대구지역의 코스인 팔조령~가창로~신천~대구읍성~팔달나루~칠곡을 통과하는 길을 잘 복원하여 역사적 사실과 풍부한 스토리를 자랑하는 걷기길로 보전해야 할 것이다.

### 민족시인 이상화 논란

<빼앗긴 들에도 봄은 오는가>를 지은 민족시인 이상화는 대구문화의 자랑스런 인물이다. 하지만 <이상화 고택>, <빼앗긴 들>, <이상화 무덤> 등을 두고 구청마다 경쟁적으로 관광마케팅을 하면서 시민들이 혼란스러워하고 있다. 중구청에서는 <이상화 고택>을 복원하여 근대화 골목투

어길의 방문지로 홍보하고 있고, 고택에서는 매년 <이상화 문학제>를 개최한다. 수성구청에서는 빼앗긴 들이 수성벌이라는 데 착안하여 수성못 주변에 <상화공원>, <상화로>를 만들고 <상화 문학제>를 개최한다. 최근의 연구결과 빼앗긴 들이 앞산 아래의 들판이라는 주장이 제기되자 남구청에서도 <빼앗긴 들> 논란에 개입하려고 한다. 달서구청에서는 이상화 무덤이 있는 대곡동에 <상화기념관, 이장가(李庄家) 문화관>을 개관하였고, <상화로>를 만들어 이상화 마케팅을 하고 있다. <이상화문학제>와 <상화문학제>가 따로 개최되고, 달서구와 수성구에 각각 <상화로>가 있으니 시민들은 몹시 혼란스럽고, 민족 시인을 골목 시인으로 만든다는 우려도 있다. 관련 지자체는 지혜를 모아 시인 이상화나 이장가의 문화를 선양할 수 있는 종합적인 관광코스를 개발해야 할 것이다.

**순종어가길 논란**

대구 중구청에서는 많은 예산을 투입하여 순종 동상을 세우고 <순종어가길>을 만들었다. 고종 황제를 이어 대한제국 2대 황제에 오른 순종은 재임 4년 동안 친일매국노에 의해 조정을 받았고 결국 대한제국은 멸망하였다. 대구를 두 번이나 방문한 것은 대구읍성을 허물었던 친일파 박중양의 요청(사립학교 연합회 행사)에 따른 것이었다. <순종어가길>을 조성한 것에 대해 시민단체들은 역사왜곡이자 친일 미화라고 지적하였고, 중구청에서는 치욕스러운 역사도 우리의 역사라는 다크 투어리즘(Dark Tourism)이라 주장한다. 하지만 순종, 박중양, 이완용 등이 거론되는 인물마케팅은 다크 투어리즘이 아니라 역사왜곡이나 친일 미화에 가깝다. 중구청은 이러한 부정적 여론을 감안하여 순종 동상을 철거하고 대구 정신을 올바르게 구현할 문화콘텐츠를 개발하는 것이 좋을 것이다.

### 걷기길의 명칭 문제와 주제별 탐방로 조성

2000년대 초반부터 걷기가 건강을 유지하는 최고의 방법이라는 사실이 널리 알려지면서 걷기 열풍이 일어났고, 전국의 지자체는 경쟁적으로 걷기길을 조성하였다. 제주올레길 조성사업의 성공이 촉매제가 되어 지자체마다 주민의 건강과 관광수입을 위해 많은 걷기길을 만들었다. 하지만 조성 경위와 사업 주체에 따라 만들어진 걷기길의 명칭이 너무나 다양하다. 숲길 만들기 예산으로 만들어진 길은 숲길이라 명명되었고, 누리길 예산으로 조성되면 누리길이라는 명칭이 붙게 되고, 녹색길 조성사업으로 만들면 녹색길이 되었다. 서로 별다른 차이가 없는 길인데도 숲길, 누리길, 녹색길로 구분하여 명칭을 사용하고 있으며 숲길이나 누리길 명칭이 혼용되는 경우도 있다. 숲길, 누리길, 녹색길, 올레길, 둘레길 등의 여러 명칭은 시민들을 혼란스럽게 만든다.

지명을 딴 걷기길이 아니라 주제별(테마별) 걷기길 조성도 고려해야 한다. 예를 들면 <왕건의 동수전투길>, <대구 성리학 여행길>, <두사충의 삶을 따라가는 길>, <김충선의 삶을 재조명하는 길>, <국채보상운동길>, <이상화 문학기행길>, <하중도와 달성습지 생태탐방로>, <전통시장 탐방로> 등을 만들어 대구지역에 산재하여 있는 관련 유적지를 탐방케 하면 주제별 관광(테마관광)을 원하는 관광객이 모여들 것이다.

### 청라(靑蘿) 언덕과 김광석 길

대구에서는 푸른 담쟁이 넝쿨이 우거진 동산의료원 선교사 사택 주변을 청라언덕이라고 하고, 마산에서는 노비산 언덕이 청라언덕이라고 주장한다.

창원시 마산합포구의 '내 고향 남쪽바다'가 훤히 내려다보이는 '내 놀던 옛 동산'에는 마산문학관이 있다. 문학관 입구에는 노산 이은상

(1903~1982)의 <옛 동산에 올라> 시비가 있고, 그 옆에는 마산 출신 시인들의 시비가 줄지어 있다. 문학관 언덕에는 문창교회와 이은상의 부친 이승규 장로가 건립한 창신학교가 있다. 마산문학관이 있는 언덕은 노비산이다. 마산만(합포만)이 내려다보이는 노비산은 이은상이 어린 시절 뛰놀던 놀이터였다. 노비산은 원래 용마산과 연결되어 있었는데 전설에 따르면, 용마를 끌고 가던 노비의 형상을 한 산이어서 노비산으로 이름 붙였다고 한다. 이은상이 아호를 노산(鷺山)이라 한 것도 어릴 때 뛰놀던 옛 동산 즉, 노비산에서 비롯되었다. 노비산 자락에 봄이 오면 쑥이 돋아나 마치 푸른 비단을 깔아놓은 듯 아름다웠고 동네 처녀들은 흰 저고리 검정 치마를 입고 쑥을 캐러 왔다. 흰 저고리를 입고 쑥을 캐는 처녀들의 모습은 백합꽃이 핀 것처럼 아름다웠다. 1922년 시인 이은상은 노비산 청라언덕을 바라보며 <사우(思友, 동무생각)> 1.2.3.4편을 쓴다.

봄의 교향악이 울려 퍼지는 / 청라언덕 위에 백합 필 적에
나는 흰 나리꽃 향내 맡으며 / 너를 위해 노래 노래 부른다
청라언덕과 같은 내 맘에 / 백합같은 내 동무야
네가 내게서 피어날 적에 /모든 슬픔이 사라진다

옛부터 대구나 마산에는 청라언덕이라 부르던 지명이 없었기에 대구와 마산의 주장을 근본적으로 따져볼 필요가 있다. 청라(靑蘿)에서 라(蘿)가 쑥이냐 담쟁이냐를 먼저 확인해 봐야 한다. 라(蘿)를 옥편에 찾아보면 1.쑥, 2.무, 3.이끼, 4.풀가사리 해조, 5.울타리, 6.소나무 겨우살이, 7.담쟁이 넝쿨 등으로 되어있다. 옥편의 뜻이 이러하다면 청라언덕이란 이은상이 어릴 적 뛰놀던 노비산 언덕이라는 주장이 더욱 설득력이 있다.

대구의 주장은 이러하다. 우리나라 최초의 가곡인 <동무생각> 작곡

자가 대구출신의 박태준이다. 1922년 당시 이은상과 박태준이 창신학교에서 함께 근무했고, 두 사람은 서로 막역하게 지냈으므로, 박태준의 아련한 첫사랑 이야기를 듣고 이은상이 시를 썼다고 한다. 어떤 사람은 박태준이 작곡을 먼저하고, 그 곡에 맞추어 이은상이 작사했다고 주장하기도 한다(작곡 후 작사하는 경우는 드물다). 박태준은 1910년대 계성학교 재학시절 교회에서 만난 신명학교 여학생을 짝사랑했다고 한다. 가사에 백합이 있으므로 박태준이 사랑한 여학생은 교화가 백합인 경북여고생이라는 억지 주장을 하는 사람도 있다. 두 사람이 막역한 사이였다는 것은 사실이다. 이은상이 사촌 여동생 김봉렬을 박태준에게 소개시켜 결혼을 함으로써, 이은상과 박태준은 처남매부 사이가 되었기 때문이다.

작사자, 작곡가가 모두 죽고 나서 청라언덕에 대한 시비가 시작되었으니 어느 곳이 진짜 청라언덕인지 알 수 없다. 담쟁이 넝쿨이 자라는 대구의 동산의료원 선교사 사택인지, 쑥이 자라던 마산의 노비산 언덕인지는 가사로 보아 진실을 가릴 수 없게 된 것이다. 시시비비를 꼭 가려야 한다면 2절 <더운 백사장에 밀려 들어오는/저녁 조수 위에 흰 새 뛸 적에… 흰 새 같은 내 동무야…>가 있으므로 여러 가지 사항을 고려하면 마산이 더욱 타당하지 않을까 생각한다. 현재 창원으로 통합된 마산은 청라언덕의 지명이 도용되고 있다고 개탄한다. 대구는 근대화 골목길을 조성하면서 스토리텔링을 적절하게 하여 <근대로의 여행길>을 만들고, 창작 오페라를 기획하여 청라언덕을 대구를 상징하는 문화관광브랜드로 개발하고 있다.

마산문학관 앞에는 잔잔한 마산만이 보이고 '베어낸 소나무 그루터기'가 아직도 거기에 남아있고, '백합 필적에 흰 나리꽃 향내'가 진동한다. 꿈에도 잊을 수 없는 그 물새들이 날으는 잔잔한 고향바다가 보이는 옛 동산과 대구 동산의료원 선교사 사택의 청라언덕을 떠올리며 우리나라의 나즈막한 언덕은 봄날이 되면 모두 청라언덕이 될 수 있겠다는 생각도 해본다.

청라언덕 논란과는 대비가 되는 성공사례가 <김광석 길>이다. 김광석은 어린 시절 잠시 방천시장 근처에 살았는데 이를 기념하여 방천시장 주변에 <김광석 길>을 조성하였다. 지금은 낙후된 방천시장 주변이 연 평균 100만 명 이상의 관광객이 찾는 핫 스팟(hot spot-활기 넘치는 곳)이 되었다. 여러 가지 파생적인 문제점들이 발견되고 있지만 <김광석 길> 조성은 인물마케팅에 성공한 사례로 평가된다.



**전통시장의 상권회복을 위한 탐방길 조성**

조선시대부터 전국적으로 유명한 대구의 전통시장은 약령시와 서문시장이다. 약령시는 대구읍성의 남쪽인 남성로 주변에 형성된 한약재를 거래하던 시장이었다. 서문시장은 원래 대구읍성의 북쪽에 있었지만, 대구읍성을 축성하면서 달서문 앞(오토바이 골목)으로 옮겼다가 일제강점기에 현재의 자리에 있던 못(성황당지)을 메우고 다시 옮겼다. 대구읍성의 북쪽에는 대구역이 생기면서 칠성바위 근처에 칠성시장이 생겨났다. 한국전쟁이 발발하여 피난민들이 몰리며 대구 인구가 급속하게 증가했는데, 신천의 방재(防災) 제방 옆에 방천시장이 생겨났다. 신천의 하상(河床)보다 낮은 방천시장은 자주 침수가 되던 곳이었다.

대구읍성 남쪽의 영남제일관 앞에 있던 남문시장은 현재의 남산동으로 옮겨갔고, 한국전쟁 이후에 생겨난 염매시장(廉賣市場)은 물건 값이 헐해서 붙여진 이름이다. 도심에 있는 전통시장은 이제 시설을 재정비하고 주변의 명소와 연계하여 관광지로 개발해야 한다. 약전골목과 염매시장은 근대화 골목길 투어와 연계하고, 서문시장은 <달성토성>, 칠성시장은 <신천 강변길>, 방천시장은 <김광석 길>, 남문시장은 <가톨릭 타

운>과 연계한다면 전통시장 탐방이 대구 관광의 새로운 명소가 될 것이다. 이를 위해서 동종(同種)의 가게가 함께 모이면 더욱 장사가 잘된다는 경제 원리를 적용하여 시장마다 특화(特化)된 물건을 판매해야 한다. 약령시는 한약재, 서문시장은 포목이나 섬유제품, 칠성시장은 농수산물, 염매시장은 한과나 떡, 방천시장은 김광석 길과 연계한 국밥 등으로 특화하여 판매 상품을 개발하면 어떨까?

**대구의 명품걷기길 조성 제안**

대구시와 각 구청은 지난 10년 동안 팔공산, 비슬산, 앞산 지역에 경쟁적으로 걷기길을 조성하였다. 이에 따라 대구의 걷기길은 중복되고 지자체장의 실적위주로 만들어져 경쟁력이 떨어지거나 관리가 소홀한 길, 스토리텔링이 안 된 길이 많다. 명품 걷기길이 되기 위한 조건은 1. 안전성, 2. 멋진 경치, 3. 편의시설 구비, 4. 풍부한 스토리텔링이라 요약할 수 있다. 이러한 조건을 모두 갖춘 걷기길을 만들기 위해 노력해야 할 것이다. <대구둘레길>과 팔공산, 비슬산 주변의 대표적인 걷기길을 지정하여 대구가 자랑할 수 있는 명품 걷기길로 가꾸어야 한다.

## <달구벌 유사-대구의 걷기길과 스토리>를 마치며

대구 시청과 8개의 구·군청이 걷기길을 안내하는 관광책자를 발간하여 관광객 유치에 노력하고 있지만 대구시 전 지역을 아우르는 걷기길 안내 책자는 없다. 더구나 각 걷기길과 관련하여 풍부한 스토리와 역사적인 사실을 알려주는 안내서는 나오지 않고 있다. 이런 사정을 감안하여 대구시민이나 외지인들에게 필요한 대구의 걷기길을 소개하자는 계획으로 대구의 걷기길과 스토리를 정리했지만, 과문(寡聞)하고 능력이 부족

해서 일목요연(一目瞭然)하고 체계적인 안내서가 되지는 못했다. 걷기길을 소개할 때는 경로나 거리, 시간, 주의할 점뿐만 아니라 길에 얽힌 역사나 이야기를 버무려 스토리텔링을 해야 하는데, 구수하고 재미있는 스토리텔링이 어려웠다. 인터넷에 떠도는 이야기는 대부분 신뢰할 수 없는 내용이었고, 이미 출판된 책자는 관심 분야만을 다룰 뿐 전체적인 대구 역사나 정신(혼)을 드러내는 데에는 한계가 있었다. 나름대로 이야기가 있는 걷기길을 만들려 했으나 역부족이었다. 앞으로 강호제현의 가르침에 따라 보완해나갈 것을 약속한다.

사람은 길 위에서 살아가고, 길을 걷는 것이 중요한 문화 활동이 되는 세상이 되었다. 걷기를 통해 건강을 증진시키고 문화적인 안목을 넓힐 수 있다면 얼마나 좋을까? 조선 후기의 문장가인 유한준(兪漢雋, 1732~1811)은 "사랑하면 알게 되고 알게 되면 보이나니, 그때 보이는 것은 전과 같지 않으리라(知則爲眞愛 愛則爲眞看 看則畜之而非徒畜也)"고 말했다. 따뜻한 사랑의 눈길로 바라보면 대구가 보일 것이고, 그때 보이는 대구의 모습은 예전과는 다를 것이다. 대구 시내와 주변을 많이 걷다보면 저절로 대구를 사랑하게 되지 않을까. 걷기는 정신적·신체적 건강을 보장할 뿐 아니라 혈액 순환을 촉진하여 깊고 넓은 사고를 가능하게 만든다. 많이 걷는 사람만이 대구를 올바르게 느낄 수 있고, 대구를 진정으로 사랑할 수 있다고 생각한다.

걷기길을 함께 답사하고 각종 정보를 제공해준 모든 분들께 고마움을 전한다. 주말이면 답사나 트레킹 안내로 바쁜 나를 보고 주변의 친구들은 머리나 손으로 글을 쓰지 않고 '발로 글을 쓰는 사람'이라고 부른다. 나는 튼튼한 다리와 두 발로 걸을 수 있는 것을 감사하게 생각하고, 걷기를 통해 보고 들은 것을 적어가는 나의 생활을 자랑으로 여긴다.

그러므로 나는 앞으로도 발로 글을 쓰는 일을 멈추지 않을 것이다.

1

2

3

4

1. 이상화 고택 ©박진관
2. 청라언덕
3. 서문시장 ©박진관
4. 김광석 길

## 발문

# 이야기를 따라 대구를 걷다

정지창(문학평론가, 전 영남대 교수)

누구나 할 수 있지만 아무나 할 수 없는 것이 걷기다. 자가용 한두 대씩 없는 집이 없고 거미줄처럼 촘촘한 지하철과 버스 노선이 닿지 않는 곳이 없는 대도시에서는 일부러 맘먹지 않으면 하루에 30분 이상 걷기가 쉽지 않다. 성인병을 예방하려면 적어도 하루 만 보 이상은 걸어야 한다고 귀에 못이 박이도록 듣고 있지만, 곧이곧대로 이를 실천하는 사람은 거의 없다. 의사로부터 황색 경고장(옐로카드)을 몇 장 받아 자칫하면 경고 누적으로 퇴장당할 위기에 몰린 당뇨 환자나 더 날씬한 몸매에 집착하는 다이어트 강박증 환자들도 일삼아 매일 만 보를 걷는 일은 낙타가 바늘구멍을 통과하는 것보다 어렵다. 만성적인 피로에 허덕이는 월급쟁이들과 보충수업과 학원 과외로 시달리는 학생, 취업 준비에 쫓기면서도 틈만 나면 휴대폰으로 문자를 주고받느라 바쁜 젊은이들과 동네 공원에서 막걸리 한 잔 걸치고 큰소리로 시국을 개탄하는 노인들은 좀처럼 걷기에 나서지 않는다. 그래도 요즘은 강요나 강박에 떠밀려서가 아니라 건강을 위해 하천변 산책로나 야트막한 동네 뒷산, 학교 운동장 등을 걷는 이들이 눈에 띄게 많아졌으니 반가운 일이다.

그러나 주말이나 휴일에 가족이나 친지들과 함께 좀 더 길게, 좀 더 즐겁고 알차게 걸을 수 있는 우리 동네의 걷기길은 없을까? 김영현 선생의 『달구벌 유사(遺事)』는 이런 요구에 부응하여 걷기에 필요한 지리적 정보와 길에 얽힌 문화적 안목을 제공하여 걷기를 생활체육에서 문화체험으로 승격시키는 귀한 안내서다. 제목에서 드러나듯, 이 책은 대구의 걷기길에 얽힌 역사와 설화를 스토리텔링 기법으로 재미있게 엮은 이야기책을 목표로 하고 있다. 굳이 비유하자면 『달구벌 유사(遺事)』는 『동국여지승람』의 인문·지리적 정보와 『삼국유사』의 설화·문학적 재미를 한데 섞어 발효시킨 향기로운 대구 토속주라 하겠다.

김영현 선생은 애호가의 경계를 넘어서서 마니아의 경지에 도달한 걷기 전문가이다. 이미 동해안 해파랑길 걷기 안내서인 『길에서 길을 묻다』와 영남일보, 대구신문 등에 연재한 대구·경북의 걷기길 기행을 통해 강호에 이름이 널리 알려진 이 방면의 고수이다. 그와 함께 지난 1년여 동안 여러 코스를 걸어본 경험에 따르면, 그는 미리 어떤 길에 얽힌 이야기들을 발굴, 조사한 다음 그 길을 직접 발로 밟으며 확인하고 문학적 상상력과 추리력으로 옷을 입혀 걷기길을 맛깔나는 이야기길로 변형시키는 남다른 재주를 지니고 있다. 그러니 그와 함께한 걷기에는 늘 웃음과 뒷이야기가 끊이지 않았다. 나는 대구에 산 지 30년이 넘었지만, 김영현 선생을 통해 몇 군데 기막힌 걷기길을 처음으로 알게 되었다.

그가 추천하는 좋은 걷기길은 안전하고, 주변 경관이 아름답고, 편리하면서도 길 주변에 얽힌 이야기가 풍부한 길이다. 그는 이 중에서도 특히 길에 얽힌 이야기의 발굴과 그런 이야기를 바탕으로 한 문화 콘텐츠의 개발에 각별한 관심을 기울인다. 실제로 길을 걸으며 길에 얽힌 설화나 역사적 사건과 인물들의 얘기를 듣고 담소를 나누는 것이 즐거운 걷기의 반 이상을 차지한다는 것을 나는 김영현 선생과 함께 한 걷기길을 통해 경험하였다. 이런 잡담이나 수다가 없는 걷기는 뒷사람의 발꿈치만 바라보고 걷는 등산이나 시간을 재며 걷는 경보처럼 삭막한 운동에 불과할 것이다. 대구에는 이미 많은 걷기길들이 조성돼 있지만 이를 뒷받침하고 맛깔스럽게 꾸며줄 이야기의 개발과 문화 콘텐츠가 부족하다는 것이 김영현 선생의 진단이다. 이른바 하드웨어의 개발에 못지않게 소프트웨어의 개발이 중요하다는 그의 지적에 동의하지 않는 사람은 없을 것이다.

이 책에는 신천과 금호강 강변길, 낙동강, 팔공산, 앞산, 비슬산, 최정산 둘레길을 비롯하여 대구의 구석구석을 이어주는 걷기길들이 빠짐없이 소개되어 있다. 게다가 걷기길 코스를 일목요연하게 보여주는 지도와 사진, 그림들이 곁들어져 누구라도 이 책을 안내 삼아 자기 동네의 걷기길부터 시작하여 대구 곳곳의 명품 걷기길을 두루 섭렵할 수 있을 것이다.

대구의 걷기길에 대한 남다른 애정을 가진 저자는 명품 걷기길을 다듬어나가기 위한 몇 가지 제안을 하면서 현재의 걷기길에 대한 비판도 곁들이고 있는데, 걷기 애호가들은 물론이고 문화계 인사들과 담당 공무원들도 직접 걸어본 사람만이 할 수 있는 김선생의 제안을 경청해야 할 것이다. 김선생은 친일파 박중양에 의해 1906년 허물어진 대구 읍성의 흔적을 따라 대구읍성 둘레길을 조성하고, 각 구청마다 경쟁적으로 벌이고 있는 민족시인 이상화 기념사업을 통합해야 하며, 말 많은 순종어가길 대신 "대구 정신을 올바르게 구현할 문화콘텐츠"를 찾아야 한다고 주장한다. 이러한 저자의 의견에는 많은 문화예술계 인사들도 공감을 표시하고 있다. 치욕의 역사를 부각시키는 순종 동상을 철거하는 대신 대구를 빛낸 근현대 역사적인 인물들, 가령 수운 최제우 선생의 순교지나 조영래, 전태일의 생가나 유적지를 발굴, 연결하여 대구의 자랑스러운 걷기길로 만들면 어떨까.

청라언덕을 둘러싸고 대구와 마산이 서로 연고권을 주장하고 있는데, 김영현 선생은 「사우(思友)」의 작사자인 노산 이은상의 고향인 마산이 청라언덕의 원형일 것으로 추정한다. 우리는 이를 확인하기 위해 마산의 현장을 답사한 적도 있다. 나는 노산의 시에 맞추어 작곡가인 박태준이 노래를 만들었다고 보는 김선생의 추정이 상식에 맞고 자연스럽다고 생각한다. 억지 논리로 소유권과 연고권을 주장하기보다는 차분하고 상식적인 선에서 판단하는 것이 진정한 애향심을 이끌어내는 길이라는 그의 생각에 많은 대구시민들도 동의할 것이다.

자, 이제는 『달구벌 유사』의 안내에 따라 대구의 걷기길을 걸으며 도시 생활에 찌든 몸과 마음을 치유하고 내 고장의 산천초목 하나하나에 깃든 이야기들을 통해 옛사람들의 살아온 내력을 들어볼 때다. 천하제일의 명산은 동네 뒷산이고 강호 제일의 아름다운 길은 우리 동네 걷기길이라는 말이 있지 않은가.

발문을 써 보내고 책이 나오기를 기다리던 중 갑자기 김영현 선생이 병으로 쓰러지고 말았다. 그는 입원한 상태에서도 이 책에 실을 사진을 다시 골라 보내주는 등 정성을 다했으나 책이 출간되는 것을 보지 못하고 먼저 떠났다. 결국 이 책은 김 선생의 사후에 태어난 유복자가 되었으니 책의 운명도 인간의 운명처럼 한치 앞을 알 수 없다는 것을 실감한다.

코로나 사태까지 겹쳐 책의 출간이 늦어지는 사이에 영남일보 박진관 기자의 도움으로 멋진 사진들을 싣게 된 것은 불행 중 다행이다. 저자인 김영현 선생도 고마워 할 것 같다. 생전에 김 선생과 함께 대구와 경북, 아니 전국의 구석구석을 함께 걸으며 구수한 얘기를 듣고 즐거워했던 길동무들의 뜻에 따라 이 책이 걷기를 사랑하는 대구 시민들의 길잡이가 되기를 간절히 기원한다. 뒤에 실은 박종문 교수의 글은 김 선생의 도반들을 대표하여 고인에게 바치는 추도사이자 이 책의 출간을 축하하는 헌사로 읽어주시기 바란다.

# 헌사

## 피와 살과 눈빛과 숨과 목소리로 살아있던 그대

박종문(예술마당 솔 이사장, 전 대구가톨릭대 교수)

피와 살과 눈빛과 숨과 목소리로 생생하게 살아 있던 그대가 이제 우리들의 기억 속에만 있게 된 이 허허로움과 이 상실과 이 안타까움을 어찌하리오. 돌이켜보면 그대는 자신의 예견되는 마지막을 응시하며 그대 눈빛 속에서 고독과 절망을 애써 감추며 무언가를 준비하는 듯한 기색이 역력했던 것 같았소. 사랑하는 사람들을 영원히 떠나가는 것, 애착하던 모든 것을 다 놓아야 하는 것, 부인과 딸, 아들, 모친을 두고 오직 홀로 돌아올 수 없는 길을 나서야 하는 그대의 마음은 어떠했을까? 고통의 병상에서 생사의 기로에서 생의 가닥을 놓치지 않으려 그대는 얼마나 노력했을까?

유난히 사람들을 좋아하고 정이 넘쳤던 그대 김영현이란 사람, 우람한 체구에 무쇠같은 눈빛과 목소리로 좌중을 압도하고 만인의 건강을 위해 걷기운동 전도사의 고역을 조금도 마다하지 않던 사람, 힘들여 농사지은 아로니아를 커다란 봉투에 하나 가득씩 담아 나이 많은 선배들에게 아낌없이 선물하던 사람, 50만원 들여 고구마 농사 지어서 고라니 좋은 일만 시켰다며 껄껄 웃던 사람, 바둑 잘 두고 한국사에도 밝고 문학에도 조예가 깊던 그대 김영현을 우린 이제 정녕 다시 볼 수 없단 말이오? 생각보다 빨리 미련없이 훽 떠나가시는 그대를 보내드리기가 참 쉽지 않구려. 잘 가시오. 나의 참 좋은 친구! 저 세상에서 꼭 만나리다.

# 저자소개

## 김영현

경북 안동에서 출생하여 대구에 거주하였다. 영남대 재학 시에는 문학동인회에서 활동하였으며, 졸업 후 현재까지 30여 년 동안 교직에 몸담았다. 2008년~2011년에는 능인중학교 교장을 역임하였다. 1990년대에는 백두대간을 종주하였고, 2000년대에는 사찰 여행을 다녔으며, (사)한국워킹협회 이사로 전국의 걷기 좋은 길을 걸으며 스토리텔링 작업을 하였다. 2013년에는 동해안의 해파랑길, 2014년에는 남해안 길, 2015년에는 서해안 길을 완주하였다. 영남일보에 경북의 걷기 좋은 길을 소개하는 '김영현의 걷기 여행'을, 대구신문에 '김영현과 함께하는 대구의 걷기길'을 연재하였다. 저서로 『길에서 길을 묻다』(2014년)가 있으며 2019년 9월 『달구벌 유사-대구의 걷기길』 출간을 앞두고 지병으로 작고하였다.

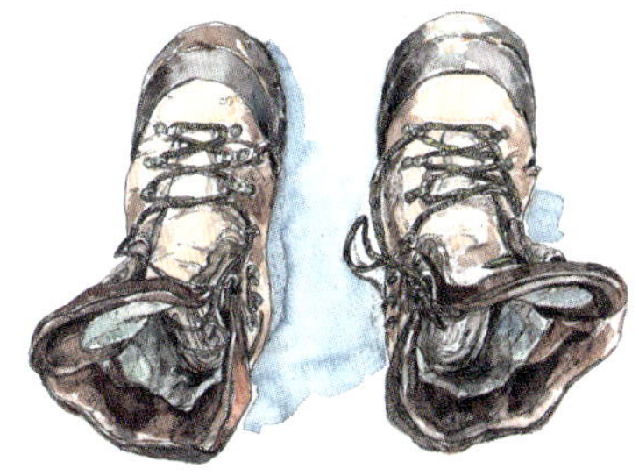